财经类专业课程改革"十四五"规划教材

财商素养基础

主　编　○魏　　强
副主编　○张　琦　龚　影

图书在版编目(CIP)数据

财商素养基础 / 魏强主编. --上海：立信会计出版社，2024.5. -- ISBN 978-7-5429-7653-6

Ⅰ．F275

中国国家版本馆 CIP 数据核字第 2024QQ5732 号

策划编辑　　王斯龙
责任编辑　　窦瀚修
助理编辑　　郑文婧
美术编辑　　吴博闻

财商素养基础
CAISHANG SUYANG JICHU

出版发行	立信会计出版社			
地　　址	上海市中山西路 2230 号	邮政编码	200235	
电　　话	(021)64411389	传　　真	(021)64411325	
网　　址	www.lixinaph.com	电子邮箱	lixinaph2019@126.com	
网上书店	http://lixin.jd.com		http://lxkjcbs.tmall.com	
经　　销	各地新华书店			
印　　刷	常熟市人民印刷有限公司			
开　　本	787 毫米×1092 毫米	1/16		
印　　张	11			
字　　数	185 千字			
版　　次	2024 年 5 月第 1 版			
印　　次	2024 年 5 月第 1 次			
书　　号	ISBN 978-7-5429-7653-6/F			
定　　价	35.00 元			

如有印订差错，请与本社联系调换

前　言

　　财商素养,是指个人认识、创造和管理财富的能力。它是继智商、情商之后被广泛认同的立足现代社会的必备基本素质。加强财商教育,是践行素质教育、提升学生核心素养的必然选择。本教材以小王的创业实践为主线,介绍其从初创企业到规模型企业在经营中可能遇到的问题,引入经济学、投融资学、会计学、税收学、电子商务、物流、科技、企业家精神八个方面的基本财经知识,设置八个项目加以解决。本教材内容深入浅出,主线明晰、主题突出,既可以作为财商素养教材,又可以用作学生创新创业教材使用。

　　本教材旨在帮助学生更好地贴近社会进行商务实践。本教材具有以下特点：

　　一是将课程目标定位于初级技术技能型人才的培养,开发体现"做中学""做中教"的教学模式,突出"应用性、实用性"的特色。

　　二是以能力为本位,重视动手能力的培养,突出职业技能教育特色,本着理论知识"实用、够用、易学"的原则,重点加强案例操作教学内容,注重学生实际工作能力的培养。

　　三是将知识点分散在各个项目中,先介绍实现任务的理论知识,再介绍实现任务的实施过程,力求符合认知规律,提高可读性,使学生明确所学知识的目标、重点,进而巩固与提高所学知识和技能。

　　四是强化专业技能的训练,采用任务引领式的项目教学法,每个任务均设有任务实施模块,学生在校期间即可体验、观察和模拟多维度、立体化、全方位商务实践。

　　本教材共有五位老师参与编纂,由魏强任主编,张琦、龚影任副主编。具体分工如下：张琦负责编写初识经济学(项目一)和科技前沿(项目七),倪俞莎负责编写投融资基础(项目二),魏强负责编写会计基础(项目三)、税务入门(项目四)和企业家精神

(项目八),龚影负责编写电子商务基础(项目五),鲍建宁负责编写物流基础(项目六)。

由于编写时间仓促,加之编者水平有限,本教材可能存在不足之处,敬请各位专家、同行、读者批评指正。

编者

2024 年 5 月

目　　录

项目一　初识经济学 ··· 001
　　任务一　如何给奶茶定价 ··· 002
　　任务二　如何实现利润最大化 ··· 007
　　任务三　如何管理奶茶店的成本 ··· 012

项目二　投融资基础 ··· 017
　　任务一　认知利息和利息率 ··· 018
　　任务二　认知融资渠道 ··· 023
　　任务三　认知投资渠道 ··· 027

项目三　会计基础 ··· 032
　　任务一　认知会计的概念、职能、对象和核算内容 ············ 033
　　任务二　认知会计六要素 ··· 039
　　任务三　如何填写资产负债表 ··· 045

项目四　税务入门 ··· 053
　　任务一　认知税收的种类 ··· 055
　　任务二　认知个人所得税 ··· 062
　　任务三　认知企业所得税 ··· 069

项目五　电子商务基础 ··· 073
　　任务一　认知电子商务 ··· 074

任务二　认知电子商务平台 ··· 082
　　任务三　认知电子商务的流程 ··· 089

项目六　物流基础 ··· 099
　　任务一　认知物流企业业务模式 ··· 100
　　任务二　认知国际物流 ··· 105
　　任务三　认知物流信息技术 ··· 114

项目七　科技前沿 ··· 122
　　任务一　认知5G ·· 123
　　任务二　认知物联网 ·· 131
　　任务三　认知大数据 ·· 140

项目八　企业家精神 ·· 147
　　任务一　认知企业家精神 ·· 148
　　任务二　认知企业家精神与企业发展 ··································· 157
　　任务三　如何培养企业家精神 ·· 162

项目一　初识经济学

 **项目背景**

小王是一个朝九晚五的上班族,工作几年后,对自己的工资收入不是特别满意。正巧赶上"大众创业,万众创新"的春风,他也一直琢磨新的点子看看自己能否干出一番事业,提高收入水平。

一次偶然的机会,小王发现奶茶在年轻人中非常受欢迎,成熟的奶茶品牌如Coco、一点点、喜茶等,各有各的特色,吸引了不同消费者前来选购。他希望能够做出一些与众不同的产品,既可以满足不同客户的需要,也可以利用产品创新,增加自己的利润。但他也深知不能经常提高售卖价格,避免用户群体的流失。

 小王的困惑

1. 奶茶如何定价?
2. 奶茶单价越高,就能赚到更多钱吗?
3. 在价格发生变化时,消费者的预算和偏好将如何影响奶茶的销量?
4. 不同品牌的奶茶有一定的替代作用,奶茶涨价一定会被其他同类的商品替代吗?如何维持原有的销量?

任务一　如何给奶茶定价

任务目标

了解经济学的概念,熟悉价值与价格的定义与关联。

任务导入

调研学校周边奶茶店的成本和定价情况,并填写表1-1。

表1-1　学校周边奶茶店的成本与定价情况

奶茶品牌及品类	房租成本（元/月）	原材料成本（元/月）	人工成本（元/月）	总成本（元）	奶茶单价（元/杯）	销量（杯/月）

注:本表可依据实际调研情况增减项目。

任务准备

任务准备1:什么是经济学

经济学就是研究稀缺资源的配置与利用,在有限资源的各种可供利用组合中进行选择的科学。经济学研究的是资源和要素之间的关系。资源是用于生产满足人们需要的产品(劳务)的手段或者物品。而当资源被投入生产过程用以生产满足人们欲望的最终产品与劳务时,则被称为生产要素,简称要素。

经济学可以用来指导人们在有限的资源和无限的需求中寻找平衡点以作出选择。有限的资源意味着商品一般是稀缺的,只能得到有限供应,必须通过价格或其他形式进行分配。经济学这门学科,旨在指导我们如何度量经济数据、如何在选择中作出有利于经济效益的决定。

经济学是现代的一门独立学科,是关于经济发展规律的科学。自1776年亚当·斯密的《国富论》开始奠基,经济学经历了200多年的发展,已经有宏观经济学、微观经济学、政治经济学等众多专业方向,并应用于各垂直领域,指导人类积累与创造财富。

经济学的主要研究方向分为微观经济学与宏观经济学两大类。微观经济学主要研究经济个体(如家庭、企业)的行为,以及它们如何在市场上相互作用,具体包括供需分析、价格机制、消费者与生产者行为、市场结构、竞争和规章政策等。宏观经济学关注整个经济体系的运行,包括国家或地区层面的产出、就业、通货膨胀、经济增长、货币政策和财政政策等。

经济学的核心是研究经济行为背后的经济规律与本质,而资源的配置与优化、再生只是经济行为的一种表现形式。

任务准备2:价值决定价格

价值,泛指客体对于主体表现出来的积极意义和有用性,可视为能够公正且适当反映商品、服务或金钱等值的总额。

价值在经济学中大多通过货币来衡量,人们通过价值来体现某个商品在交易中可以交换到的其他物品的数量,最终表现为价格,这里的价值其实是交换价值。

从根本上讲,价值决定价格,价值是价格的基础,价格是价值的货币表现形式,一般情况下,两者成正比。

马克思的劳动价值理论提出抽象劳动是形成价值的实体,是商品经济中社会劳动的存在形式。它反映着商品生产所特有的社会生产关系。

商品的价值表明:

（1）商品必须具有使用价值,才会有价值。

（2）价值是由抽象劳动而不是具体劳动形成的,抽象劳动凝结在商品中才成为价值。

（3）价值只有通过一种商品与另一种商品的相互对等、相互交换的关系才能表现出来；价值是交换价值的基础,交换价值是价值的表现形式。

（4）价值是商品的社会属性,它体现了商品生产者互相交换劳动的社会关系。

商品的价值量是由生产该商品的社会必要劳动时间决定的,生产商品所需的劳动时间随着劳动生产率的变化而改变。当劳动生产率提高时,意味着在单位劳动时间内可以生产更多的商品,或者生产一定数量的商品所需的劳动时间减少。这通常是由技术改进、设备更新、工艺优化、培训提高、管理创新等因素导致的。例如,自动化和人工智能技术的应用可以显著提高生产效率,从而减少生产每个商品所需的劳动时间。相反,当劳动生产率降低时,生产同样数量的商品需要更多的劳动时间,或者在单位劳动时间内生产的商品数量减少。这可能是由技术退步、设备老化、工艺繁琐、劳动力技能下降、管理不善等因素引起的。因此,商品的价值与生产商品所需的劳动时间成正比,和劳动生产率成反比。

总之,在市场经济条件下,商品的价格是在市场竞争中形成的,由价值决定,受供求关系的影响。它既反映商品价值,又反映商品的供求状况,对消费者生活和企业的生产都具有灵敏的引导作用,从而实现资源的优化配置。

任务准备3：商品价值量和价值规律

1. 商品价值量及其有关的概念

1）商品价值量和商品价值总量的计算公式

商品价值量通常是指单位商品价值量。商品价值总量的计算公式如下：

$$商品价值总量 = 单位商品价值量 \times 一定时间内生产的商品数量$$

2）商品价值量的决定因素

商品价值量的决定因素是社会必要劳动时间。

社会必要劳动时间,是指在现有的社会正常的生产条件下,在社会平均的劳动熟练程度和劳动强度下,制造某种商品所需要的劳动时间。

商品的价值量与社会必要劳动时间成正比。某种商品消耗的社会必要劳动时间越长,其价值量越大;反之越小。

3) 商品价值量与劳动生产率的关系

劳动生产率是指劳动者的生产效率,通常用单位劳动时间内生产的产品数量来表示,一般分为两类:一类是个别劳动生产率,即个别企业或劳动者的劳动生产率;另一类是社会劳动生产率,即某个行业或部门的劳动生产率。

社会劳动生产率的提高,意味着单位商品耗费的社会必要劳动时间的减少,单位商品的价值量就会减少。

2. 价值规律

商品的价值量由生产商品的社会必要劳动时间决定,商品交换要以价值量为基础,实行等价交换。价值规律是商品生产和商品交换的基本经济规律,包括商品生产的规律和商品交换的规律两部分内容,两者内在统一。

任务实施

小王非常认真地考虑自己的创业计划,并在创业计划具体落实前做了大量的市场调研,收集了部分品牌的奶茶定价和成本。同时,小王也非常重视如何给自己的奶茶定价。请你帮助小王一起调研,并将调研的数据汇总至表1-2,并回答下列问题。

表1-2 奶茶的成本和定价关系调研表

奶茶品牌及品类	房租成本(元/月)	原材料成本(元/月)	人工成本(元/月)	总成本(元)	奶茶单价(元/杯)	销量(杯/月)

1. 请你根据调研的成本等相关数据帮小王算一下,奶茶单价至少是多少才能达到盈亏平衡?

2. 如果奶茶的定价依据是由各类成本决定的，那各类材料、房租、人员的价格又受哪些因素影响？

3. 在调研的过程中，奶茶的成本因为品牌不同也会造成很大差异，这是为什么？

 任务拓展

品牌价值

品牌价值是指品牌在某一个时点、以类似有形资产评估的方法计算出来的金额。品牌价值包含产品的品质、档次、文化、个性等方面，代表着品牌的综合形象。

一个品牌在公众心中的知名度和形象，决定了大家愿意为它付出的价格。这就是品牌价值的具体表现。品牌价值的核心内涵是品牌在市场交易过程中可以给商品带来的附加价值。

一般来说，常见的提升品牌价值的策略有收购成熟品牌、品牌延伸、渠道渗透等，品牌的创新策略包括产品差异化、定位创新和把握时机等。

未来属于品牌，尤其属于全球性的品牌。世界上最富有的国家的经济是建立在品牌之上的，而非建立在商品之上。

树立品牌时应思考以下问题：

（1）如何理解品牌的价值。

（2）品牌在消费者心中的定位。

（3）如何与消费者沟通。

（4）如何打动消费者。

当前评估品牌价值的方法主要有四种，分别是市场结构模型法、Kemin 模型法、Interbrand 价值评估模型、千家品牌价值评估模型。

任务二　如何实现利润最大化

任务目标

了解需求和供给的定义,熟悉需求曲线和供给曲线。

任务导入

调研学校周边奶茶店的情况,包括但不限于品牌、商品均价、一小时销量等,完成奶茶店调研表,如表 1-3 所示。

表 1-3　奶茶店调研表

奶茶品牌	距离学校（米）	商品种类（种）	商品均价（元）	一小时销量（杯）

注:本表可依据实际调研情况增减项目。

任务准备

任务准备 1:什么是需求

一种商品的需求是指消费者在一定时期内,在各种可能的价格水平下愿意且能够购买的该商品的数量。影响需求的因素有以下五种：

（1）商品价格。商品价格是决定商品市场需求量的最重要的因素，在其他条件相同的情况下，商品价格越低，需求量越高；相反，商品价格越高，需求量也会随之降低。

（2）收入水平。收入代表着购买能力和支付能力，而需求是受支付能力约束的，所以收入和需求之间成正比。

（3）相关商品价格。商品的价格往往会受到市场的影响，替代品和互补品很大程度会影响商品的价格。一是替代品，替代品的价格越高，消费者对当前产品的需求就会越强。例如，猪肉的价格上涨，大家就都去购买相对便宜的牛肉，因为牛肉是猪肉的替代品。二是互补品，互补品是指经常一起购买的商品，如汽车和汽油。如果汽油的价格上涨，那人们对汽车的需求就会下降。因此，当互补品的价格上涨时，也会影响商品需求。

（4）消费者偏好。消费者偏好不仅仅是消费者的个人爱好，还与社会的流行趋势、传统习惯、社会风俗等有关，一些商品的需求会随着社会偏好浮动。例如，流行时装需求量会因为消费者时尚观念的改变，产生较大的波动。

（5）价格预期。价格预期，是指对商品需求产生影响的社会的群体预期。比如，大家都担心未来大米价格上涨，就会在现在大量囤积大米，消费者对大米的需求就会上升，价格在这个时候反而没有办法影响需求，这是因为人们普遍有"买涨不买跌"的心理。

任务准备 2：供求曲线

为便于研究价格与购买量之间的关系，我们需要了解需求函数。需求函数表示一种商品的需求量和影响该需求量的各种因素之间的相互关系。而由需求函数画出的图，我们称之为需求曲线，如图 1-1 所示。

需求曲线中，随着价格（P）的上升，需求量（Q）就会相应减少；随着价格（P）的下降，需求量（Q）就会相应增多，如图 1-1 中的 a

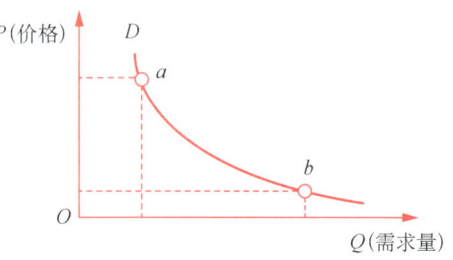

图 1-1　需求曲线

点和 b 点。

有需求就会有供给。一种商品的供给是指生产者在一定时期内在各种可能的价格下愿意且能够出售的该种商品的数量。影响供给的因素有以下五种：

（1）商品价格。商品价格越高，生产者愿意提供的产量就越大；反之，价格越低，生产者提供的产量就越小。

（2）生产成本。当生产成本上升时，企业的利润空间可能会减少，从而降低企业增加产量的积极性，导致供给量减少。相反，如果生产成本下降，企业的利润空间增大，可以刺激企业增加生产，从而使供给量增加。

（3）技术水平。生产技术的变动也影响生产成本。随着经济活动的发展，生产技术也会有所提高，当技术提高时，同一价格水平上的供给就会增加。

（4）相关商品的价格。生产要素价格上涨会导致生产成本上涨，在同一价格水平上，供应量就会减少；反之，生产要素价格下降，使生产成本减少，在同一价格水平上，供给量就会增加。

（5）对未来的预期。如果厂商预计未来的行情并不理想，就会减少供给；如果厂商看好后续的行情，则会增加供给量。

供给函数展现的关系式假定其他因素均不发生变化，仅考虑一种商品的价格变化对其供给量的影响。由此绘制供给曲线，如图 1-2 所示。

供给曲线中，随着价格（P）的上升，供给量（Q）就会相应增加；随着价格（P）的下降，供给量（Q）就会相应减少，如图 1-2 中的 a 点和 b 点。

我们将需求曲线和供给曲线放到同一个坐标轴中，如图 1-3 所示。从图中找到两条曲线相交的一点 E_0，E_0 点同时满足需求曲线和供给曲线，E_0 点对应的价格 P_0 和产量 Q_0 是需求者和供给者同时都能够接受的价格和产量的组合，在经济学中我们称之为"出清"。

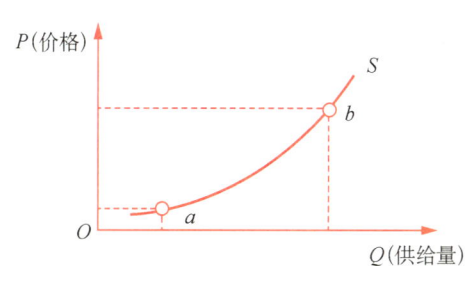

图 1-2 供给曲线

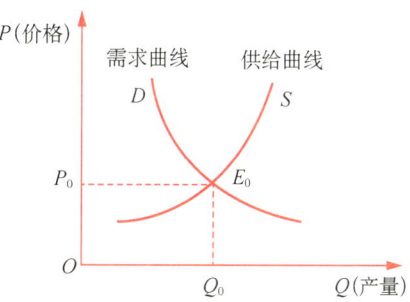

图 1-3 供求曲线

 **任务实施**

小王非常认真地考虑自己的创业计划,并在创业计划具体落实前做了大量的市场调研,收集了部分奶茶定价、需求量及供给量之间的关系。同时,小王也非常关心设立奶茶店后每一杯奶茶的制作成本,在不考虑其他费用与成本的前提下,小王将调研的数据进行汇总,如表1-4所示。请回答下列问题。

表1-4 奶茶定价表

序号	奶茶定价（元）	奶茶需求量（杯）	奶茶供给量（杯）	奶茶成本（元/杯）	利润（元）
1	60	150	70	4.0	
2	70	140	80	3.5	
3	80	130	90	3.0	
4	90	120	100	2.5	
5	100	110	110	2.0	
6	110	100	120	2.5	
7	120	90	140	3.0	

1. 请你帮小王计算每一种定价下,正常完成销售计划时,销售行为能够给他带来多少利润?
2. 当同一定价的奶茶需求量和供给量不相等时,应该以哪一个数值来确定最终的成交量?
3. 为什么不同定价下奶茶的制作成本不同?
4. 利润最高的奶茶定价是多少?为什么会是这样的结果?

 **任务拓展 1**

需求的变动

对消费者而言,如果商家降价促销,会如何影响消费者的需求量?如果因消费者收入增加而导致同一价格下需求量的增加,需求曲线是如何变化的?以上两种需求量的增加有什么不同?具体分析如图1-4所示。

图1-4中,在需求不变的情况下,需求量的变动体现为需求曲线上点的移动,点的移动是因价格变动引起的;而需求的变动体现为需求曲线的移动,从而在同一价格下形成了不同的需求量,需求的变动是由非价格因素引起的。影响需求的因素除了商品本身的价格,还有相关商品的价格、消费者的收入、消费者的偏好等。

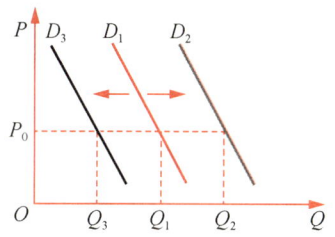

图1-4 需求量的变动和需求曲线的移动

 **任务拓展2**

劳动力供给曲线

如果将劳动者的劳动力视为劳动者供给的产品,那么一定是单位劳动价格越高,劳动者越愿意出卖自己的劳动力吗?答案是不一定,这与劳动力供给曲线的形态有关。劳动力供给曲线和一般的供给曲线不同,它是一条向后弯曲的供给曲线,如图1-5所示。

(1)劳动力供给价格较低即工资率较低时,劳动者愿意放弃大量的闲暇而投入工作,以赚取更多的收入来满足日常生活需要。在这个阶段,劳动力供给曲线和一般的供给曲线类似。

(2)工资率越高,劳动者在单位时间内所获的收入就越多。越高的工资率意味着工作对牺牲闲暇的补偿越大,但是当劳动者已经拥有较多收入时,他

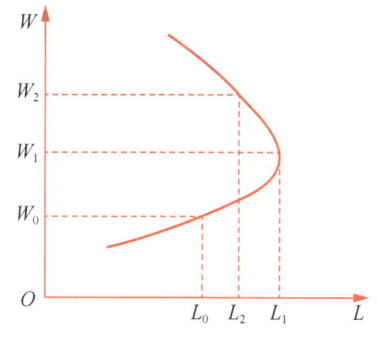

图1-5 劳动力供给曲线

们更容易放弃更高的收入以获得闲暇时间。此时,劳动力供给曲线就开始向后弯曲了。

 **想一想**

在预算一定的情况下,当商品售价上涨时,你会出于什么原因减少相应商品的消费量?

任务三　如何管理奶茶店的成本

任务目标

了解成本与预算的概念,掌握成本控制与预算管理的方法。

任务导入

根据之前的调研情况,为小王的奶茶店制定年度预算,填写表1-5。

表1-5　年度预算表

原材料成本（元/月）	房租成本（元/月）	人员成本（元/月）	商品定价（元/杯）	预计年度销量（杯）	预计毛利润（元）

思考一下,小王可以从哪些方面提高利润?

 任务准备

任务准备1：什么是成本控制

成本控制是保证成本在预算估计范围内的工作，根据估算对实际成本进行检测，标记实际或潜在偏差，进行预测准备并给出保持成本与目标相符的措施。简单来说，成本管理就是一种管理行为，在耗费发生之前或者过程中，采取预防或者措施将成本控制在某个范围内。

在企业发展战略中，成本控制处于极其重要的地位。如果同类产品的性能、质量相差无几，决定产品在市场竞争的主要因素是价格，而决定产品价格高低的主要因素则是成本，只有降低了成本，才有可能降低产品的价格。成本管理控制目标必须是全过程的控制，不应仅控制产品的生产成本，而应控制产品寿命周期成本的全部内容。实践证明，只有当产品的寿命周期成本得到有效控制，成本才会显著降低，而从全社会角度来看，只有如此才能真正达到节约社会资源的目的。

此外，企业在进行成本控制的同时还要兼顾产品的持续创新，特别是要保证和提高产品的质量，绝不能片面地为了降低成本而忽视产品的品种和质量，更不能为了追求眼前利益，采取偷工减料、冒牌顶替或粗制滥造等歪门邪道来降低成本。否则，不但坑害了消费者，最终也会使企业丧失信誉，甚至破产倒闭。

任务准备2：什么是预算管理

预算管理是指企业在战略目标的指导下，对未来的经营活动和相应财务结果进行充分、全面的预测和筹划，并通过对执行过程的监控，将实际完成情况与预算目标进行对照和分析，从而及时指导经营活动的改善和调整，以帮助管理者更有效地管理企业和最大限度地实现战略目标的工作。

企业通常会有一系列的预算管理制度，比较常见的预算管理制度包括总则、组织机构及职责、预算编制、预算执行过程中的监控与调整、预算考评几个方面。

任务准备3：如何控制企业成本

1. 加强成本费用管理、控制工作

财务部门要发挥自身拥有大量价值信息的优势，合理测定成本最低、利润最大的产销量，减少无效或低效的劳动，改变现行产品成本出现浪费后再控制的做法和只注重在生产过程中控制成本的行为，将技术进步、成本控制和经济效益有机地结合起来，实现成本管理的事前参与和超前控制。

要重点管理采购成本、销售成本、管理费用等支出，采购成本管理应认真研究原、辅材料的市场和采购策略，按照货比多家、比质比价、择优选择的原则进行采购；销售成本控制重点应放在销售费用、减少资金占用和利息支出上；管理费用控制重点应放在业务招待费、差旅费上，严格审批手续，真正管理和控制费用的支出。

2. 认真编制和执行财务预算，实现财务管理预算化

企业财务预算是由销售、生产、现金流量等各个单项预算组成的财务责任指标体系。它以企业目标利润为财务预算目标，以销售前景为预算的编制基础。

财务预算一经确定，企业各部门要围绕实现财务预算开展经济活动，企业决策执行机构按照财务预算的具体要求滚动下达预算任务，财务部门按照预算方案跟踪、实施财务控制和管理，严格执行各项财务政策，及时反映和监督预算的执行情况，适时实施必要的财务制约手段，将财务管理的方法、策略应用于执行预算的过程中，促进企业形成以财务预算为主对经济行为进行定量约束的格局。

3. 利用信息化手段，使用专业的成本管理软件

要充分发挥计算机在会计核算和财务管理方面的作用，通过采用信息化会计软件，借助系统能够自动生成会计报表的功能，使会计凭证的制作更加规范、入账更加及时、数据更加准确，以高质量的会计信息参与企业的经营决策。

通过使用专业的成本费用预算软件代替复杂的手工核算，为成本费用控制及预算管理实现财务集中管控，保障基础数据的准确性，同时加强费用预算管理，实现管理会计的职能，以提高整个公司的财务管控能力和整体运营效率，从而提高风险控制和绩效控制能力。

4. 更新知识，提高财务人员的业务素质，充分适应现代企业管理的要求

财务管理的关键在于财务人员。财务人员不仅要懂得会计核算，更重要的是要善于理财,即如何发挥财务管理的职能。财务人员除了应具备较扎实的专业知识,还要熟悉国家法律法规,对社会环境(包括政治因素、经济因素、企业因素等)有一定的观察能力、预测能力,以及具有较强的管理能力。

小王根据制定的年度预算,着手准备奶茶店开店事宜,对开店的预算进行了严格的管理,并设置首年业绩考核,确定本年度成本控制的目标。请回答下列问题。

1. 请你帮助小王想一想应该采取哪些措施来管理预算、控制成本。
2. 成本控制的目的是什么?是不是成本越低越好?

中国企业控制成本费用的有效方法

1. 华为

华为通过流程优化和自动化改革,提升了运营效率。例如,华为通过引入先进的 ERP 系统,实现了内部管理流程的标准化和集成化,大幅提高了管理效率,降低了管理成本。

2. 海尔

海尔推行了"人单合一"的自主经营模式,通过让每个员工直接面对市场,减少了中间管理层,降低了管理成本。同时,海尔还通过智能化改造,提高了生产效率,降低了生产成本。

3. 阿里巴巴

阿里巴巴通过大数据和云计算技术,实现了精准营销和高效运营。例如,阿里巴巴通过数据分析来优化广告投放、减少无效广告费用,同时提高销售额。

4. 腾讯

腾讯利用其强大的技术能力,通过内部研发和共享服务,降低了研发成本和运营成本。例如,腾讯通过内部的技术中台,复用了技术和组件,减少了重复开发,提高了研发效率。

5. 京东

京东通过建立高效的物流体系,降低了物流成本。例如,京东的物流机器人可以在仓库中自动拣选商品,提高了拣选效率,降低了人工成本。

6. 美的

美的通过全球化采购和智能制造,降低了生产成本。例如,美的通过全球生产基地进行本地化采购,减少了物流成本,同时通过智能制造,提高了生产效率。

这些成功经验表明,企业可以通过技术创新、管理优化、规模效应和全球化战略有效地控制成本,提高竞争力。

项目二　投融资基础

项目背景

　　小王对于自己奶茶店的发展有着非常详细的计划。成功的店铺首先要有广受欢迎的产品,做好第一家店铺打造旗舰店后,利用资本的力量发展壮大,多开门店并争取上市。当前,喜茶、奈雪的茶、蜜雪冰城的商业模式都非常值得学习与参考,小王决定潜心研究。在企业的发展过程中,如何获得融资,如何判断是否应该扩大投资,成为小王当下急需解决的问题。

　　于是,小王尝试用投融资的基础知识来寻找可以获得融资的渠道,帮助自己确定是否需要融资与投资。同时,小王必须学会如何计算融资成本和投资收益,对未来的支出和潜在的收入作出基本预测。

小王的困惑

1. 融资中的利息率和利息有什么关系?如何计算?
2. 融资渠道有哪些?
3. 如果小王有资金,有哪些投资渠道?

任务一 认知利息和利息率

 任务目标

了解利息和利息率的定义,掌握单利计息中利息与利息率之间的转换方法。

 任务导入

小王想要扩大经营规模,但是手上资金所剩无几,于是小王决定通过借贷的方式筹集资金。

小王想要借贷的资金总额为10万元,借款期限为1年,有以下两个方案:
(1) 从银行贷款,年化利率为5%。
(2) 向个人借款,条件是每万元每日利息为3元。
请计算分析,哪个方案更适合小王?

 任务准备

任务准备1:利息的定义

利息是货币所有者(债权人)因贷出货币或货币资本而从货币使用者(债务人)手中获得的报酬。它是借贷资本的增加额,或使用借贷资本的代价。

任务准备2:单利计息

单利计息是指在计算利息额时,不论期限长短,仅按本金计算利息,所生利息不

再加入本金重复计算利息。

单利计息的优点有：手续简便，易计算借款成本，有利于减轻借款者的利息负担。

计算公式如下：

$$I = P \times R \times N$$

其中，I＝利息，P＝借贷本金，R＝利息率，N＝时间。

任务准备3：复利计息

复利计息的特点是把上期末的本利和作为下一期的本金，在计算时每一期本金的数额是不同的。该种计息方式主要应用于计算多次等额投资的本利终值和计算多次等额回款值。

举例来说，假定某投资每年有10%的获利，若以单利计息计算，投资100万元，每年可赚10万元，十年可以赚100万元。但如果以复利计息计算，虽然年获利率也是10%，但每年实际赚取的金额会不断增加，以前述的100万元投资来说，第一年赚10万元，但第二年赚的却是110万元的10%，即11万元，第三年则是12.1万元，等到第十年总投资获得将近260万元，增长了2.6倍，这就是一般所说的"复利的魔力"。

计算公式如下：

$$F = P \times (1+R)^N$$

其中，F＝复利终值，P＝借贷本金，R＝利息率，N＝时间。

任务准备4：利息率的定义

利息率是指利息额与预借贷资本价值之比。它是计量借贷资本增值程度的数量指标。

任务准备5：利息率的计算公式

利息率的计算公式如下：

$$R = \Delta g / g \times 100\%$$

其中，R＝利息率，Δg＝利息额，g＝借贷本金。

任务准备6：利息率的表示方式及换算

利息率主要分为年利率、月利率和日利率。

三者之间的换算方式是：

$$月利率＝日利率\times 30$$

$$年利率＝月利率\times 12$$

任务实施

小王根据所学知识对[任务导入]中的两个方案进行选择。

方案一：

利息＝100 000×5％＝5 000（元）

方案二：

每日应付利息＝100 000÷10 000×3＝30（元）

1年应付利息＝30×30×12＝10 800（元）

计算年利率：

日利率＝30÷100 000×100％＝0.03％＝0.3‰

年利率＝日利率×30×12＝0.3‰×12×30＝10.8％

可以看到，不管是利息还是利息率，方案二均大于方案一，应选择方案一。

贷款产品年化利率新规发布

2021年3月12日，中国人民银行发布公告要求所有贷款产品均应明示贷款年化利率，以此进一步维护贷款市场竞争秩序，保护金融消费者合法权益，如图2-1所示。

中国人民银行公告〔2021〕第3号

为维护贷款市场竞争秩序，保护金融消费者合法权益，所有贷款产品均应明示贷款年化利率，现就有关事宜公告如下：

一、所有从事贷款业务的机构，在网站、移动端应用程序、宣传海报等渠道进行营销时，应当以明显的方式向借款人展示年化利率，并在签订贷款合同时载明，也可根据需要同时展示日利率、月利率等信息，但不应比年化利率更明显。

二、从事贷款业务的机构包括但不限于存款类金融机构、汽车金融公司、消费金融公司、小额贷款公司以及为贷款业务提供广告或展示平台的互联网平台等。

三、贷款年化利率应以对借款人收取的所有贷款成本与其实际占用的贷款本金的比例计算，并折算为年化形式。其中，贷款成本应包括利息及与贷款直接相关的各类费用。贷款本金应在贷款合同或其他债权凭证中载明。若采用分期偿还本金方式，则应以每期还款后剩余本金计算实际占用的贷款本金。

四、贷款年化利率可采用复利或单利方法计算。复利计算方法即内部收益率法，具体示例见附件。采用单利计算方法的，应说明是单利。

五、鼓励民间借贷参照本公告执行。

附件：采用内部收益率法计算贷款年化利率示例.pdf

中国人民银行
2021年3月12日

图2-1 中国人民银行公告〔2021〕第3号

在该公告发布之前，部分从事贷款业务的机构在对外展示贷款年化利率时，不计入或少计入服务费，通过各类服务费用获取超额利润，增加借款人的隐形借款成本。

而此次公告明确指出"贷款成本应包括利息及与贷款直接相关的各类费用"，避免了各类贷款业务机构在计算贷款年化利率时故意不计入服务费的做法。

此外，公告指出"应当以明显的方式向借款人展示年化利率，并在签订贷款合同时载明，也可根据需要同时展示日利率、月利率等信息，但不应比年化利率更明显"。譬如〔任务导入〕中，每万元每日的利息为3元，乍一看并不多，但是经过计算发现其年化利率并不低。

这意味着贷款机构在进行营销时不能再用文字游戏让借款人误以为贷款利率很

低,从而高估了自身还款能力。

而借款人通过清晰明确的年化利率,可以对各类贷款产品的年化利率进行横向比较,有利于借款人选择利率更低的贷款产品。

从图2-2可以看到,整改后的贷款平台披露了年化利率,但是仍然存在文字游戏的问题,将"每万元每日的利息为3元"变成了"每千元每日的利息为0.3元",借款利率本质相同,但是可能还是会让人产生利息更低的错觉。

因此,学会了利息率计算和换算的我们,要能够辨识高利率贷款,更要远离违规贷款的各种陷阱和套路。

图2-2 某贷款平台界面

项目二　投融资基础

任务二　认知融资渠道

了解融资的概念、分类及融资在企业经营中的流程。

当我们需要资金来消费或者经营店铺时，资金可以来自我们平时积蓄的自有资金，也可以来自从别处借来的资金。你知道有哪些途径可以获得资金吗？获得资金的方式在金融领域被称为"融资"。请先通过前期调研，在表 2-1 中填写你所了解的融资渠道。

表 2-1　融资渠道　　　　　　　　　　　　　金额单位：万元

融资渠道	可融资规模	融资成本	融资期限（年）	逾期后果
父母或亲戚	20	0	2~3	关系疏远等
银行				

 **任务准备**

任务准备1：融资的概念

融资是一种对货币需求提前变现的行为。进行融资的人称为融资者。融资需要融资者向相关金融机构或个人提供足够的证明资料,表达良好的还款意愿后,方有机会获得融资。

我们一般从广义和狭义两个方面来理解融资。从狭义上来讲,融资是一个公司资金筹集的行为与过程,也就是说公司需要根据自身的生产情况、经营情况、资金状况和未来经营发展的需要,通过科学的预测和判断,采用合法、合规的方式,从对应的渠道向公司的投资者和债权人筹措资金、组织资金供给以适应生产经营发展需要的一种理财行为。公司筹集资金应该遵循一定的原则,通过一定的渠道和采取一定的方式进行。

从广义上来讲,融资也可以叫作金融,就是货币资金的融通,当事人通过各种方式到金融市场上筹措或贷放资金的行为。从现代经济发展的状况来看,公司需要比以往任何时候都更深刻、全面地了解金融知识、金融机构、金融市场,公司的发展离不开金融的支持。

一般来说,公司筹集资金有三种目的：企业扩张、企业还债及混合动机(扩张与还债混合的动机)。

任务准备2：融资的分类

1. 内部融资和外部融资

内部融资指来源于公司内部的融资,即公司将自有资金(未分配利润和折旧等)转化为投资的融资方式。采用内部融资时,公司不必向外支付借款成本,因而风险较小。外部融资指来源于公司外部的融资,即公司吸收其他经济主体的资本,使之转化为自己的投资的融资方式,包括发行股票、发行债券、向银行借款,公司获得的商业信用及融资租赁等。外部融资具有速度快、弹性大、资金量大的优点,其缺点是企业需要负担高额成本,会产生较高的风险。

2. 股权融资和债权融资

股权融资是指公司以出让股份的方式向股东筹集资金,包括配股、增发新股等方式。债权融资是指公司以发行债券、向银行借贷等方式向债权人筹集资金。股权融资与债权融资最根本区别在于所有权与债权的区分,即股权融资是股份制企业有偿发放给投资人企业所有权的过程,而债权融资是企业有偿发放给投资人企业债权的过程。

3. 直接融资和间接融资

直接融资是指资金盈余者与资金短缺者之间直接进行协商,或是在金融市场上由前者购买后者发行的有价证券,将资金的使用权让渡给后者的资金融通活动。直接融资包括股票融资、公司债券融资、国债融资、不通过银行等金融机构的货币借贷等。直接融资能最大可能地吸收社会游资,直接投资于企业生产经营之中。间接融资是指拥有暂时闲置货币资金的单位通过存款的形式,或者购买银行、信托、保险等金融机构发行的有价证券,将其暂时闲置的资金先行提供给这些金融中介机构,再由这些金融机构以贷款、贴现或购买需要资金的单位发行的有价证券等方式,把资金提供给这些单位使用,从而实现资金融通的过程。

请你打开支付宝上的花呗,查看花呗周报,并了解花呗为我们统计的支出分类中,哪部分消费较多?回顾自己平时的消费习惯,谈谈花呗额度为消费带来了怎样的便利性,并探讨如何正确使用花呗额度?

企业融资的具体流程

企业融资的基本流程由建立信贷关系、遵守信贷程序、遵守信贷契约和合同三部分组成。

1. 建立信贷关系

建立信贷关系是取得贷款的前提条件。不论是国内还是国际的金融机构,向有信贷关系的企业发放贷款的前提是建立信贷关系,这是必须遵守的原则。例如,在我国,企业与银行建立信贷关系,一是要求企业向银行提出书面申请,二是由银行受理审查,三是由银行作出是否建立信贷关系的决策。企业向银行提交的书面申请中,应包括经营的合法性、经营的独立性、经营的效益状况、资金使用的合理性等内容,并附有有关文件、资料。如果是新建与扩建的企业,还应附有批准的文件、资料等。一般工业企业和交通运输企业的申请书应送交银行工交信贷部门;商业企业的申请书应送交银行商业信贷部门;农村企业的申请书应送交银行农业信贷部门;申请建立外汇贷款的三资企业及国内从事进出口业务的企业,申请书应交银行国际信贷业务部门;如申请基本建设贷款、技术改造贷款,申请书应送交银行办理固定资产贷款的业务部门。申请书经银行审核通过后,即可与企业签订《建立贷款关系契约》,该契约中的各项条款,银行与企业双方须共同遵守。

2. 遵守信贷程序

银行与企业双方建立信贷关系后,企业即可根据自身生产经营活动中的资金需求,向银行申请所需的贷款,按照借款的种类分别填报申请书。申请书要按银行规定,提前向开户银行提出,银行根据信贷规模计划和信贷资金的状况,经审查后决定贷款与否、贷款时间、利息水平等。银行信贷应严格遵循信贷政策和国家有关规定。当企业申请银行承兑汇票时,企业应向银行提交《银行承兑申请审批书》,征得银行的同意后,企业与银行签订承兑协议,并开具银行承兑汇票,连同购销合同、发票、运输单证一并交由开户银行。持有银行承兑汇票的企业作为收款人,在承兑期内可持银行承兑汇票向其开户银行申请贴现。

企业向银行贷款时还应向银行提供贷款的直接用途、企业资产负债的近期状况。银行信贷部门收到企业的贷款申请书后,应派信贷员深入企业进行调查。企业应积极配合信贷员的调查,以取得银行贷款。

3. 遵守信贷契约和合同

企业获得银行贷款后,应遵守信贷契约和借款合同的各项规定,以提高经济效益为中心,合理使用资金,加快资金的周转,遵守财经纪律、金融信贷政策。

任务三　认知投资渠道

了解投资的概念,熟悉投资的常见渠道及投资过程中的各类风险。

筹得相关资金后,小王深感这些资金的来之不易,希望自己可以很好地运用它们,将资金用在刀刃上。一方面,小王可以将这些资金全部投入自己的奶茶店中,但是担心经营不善而导致投入的资金无法收回,因此在投资前必须考虑相关的经营风险。另一方面,资金闲置的时候,小王希望能够找到可靠的投资渠道在保证资金安全的前提下,获得投资收益。

于是,小王打算针对自己奶茶店的实业投资和闲置资金的金融投资做一些具体研究和学习。

任务准备1:投资的概念

投资,是指国家、企业或个人为了特定目的与对方签订协议,实现互惠互利、输送资金的过程;又是特定经济主体为了在未来可预见的时期内获得收益或资金增值,在一定时期内向一定领域投放足够数额的资金或货币等价物的经济行为。

投资是一种消费的延迟行为。进行投资的人称为投资者。投资需要投资者在前期投入资金,以期一段时间后获得本金和回报。

1. 投资的特点
(1) 投资是以让渡其他资产而换取的另一项资产。
(2) 投资是企业在生产经营过程之外持有的资产。
(3) 投资是一种以权利为表现形式的资产。
(4) 投资是一种具有财务风险的资产。
(5) 投资周期较长,一般为5～10年。

2. 投资的作用
1) 投资是经济增长的基本推动力

投资与经济增长的关系非常紧密。经济理论认为经济增长主要是由投资决定的,投资是经济增长的基本推动力,是经济增长的必要前提。投资对经济增长的影响,可以从要素投入和资源配置两个方面来分析。

2) 投资是促进技术进步的主要因素

投资对技术进步有很大的影响。一方面,投资是技术进步的载体,任何技术成果应用都必须通过某种投资活动来体现,它是技术与经济之间联系的纽带;另一方面,技术本身也是一种投资结构,任何一项技术成果都是投入一定的人力资本和资源(如试验设备等)的产物。技术进步的产生和应用都离不开投资。

任务准备2:常见的投资渠道

1. 银行
(1) 银行存款。银行存款包括银行活期存款和银行定期存款。

(2) 国债。国债是由国家发行的债券,是中央政府为筹集财政资金而发行的一种政府债券,是中央政府向投资者出具的、承诺在一定时期支付利息和到期偿还本金的债权债务凭证。由于国债的发行主体是国家,它具有最高的信用度,被公认是最安全的投资工具。在我国,国债的主要认购渠道是银行。

(3) 银行理财产品。银行理财产品是商业银行在对潜在目标客户群分析研究的基础上,针对特定目标客户群开发、设计并销售的资金投资和管理计划。

2. 证券公司
(1) 股票。股票是股份制企业为筹集资金而向各个股东发行的持股凭证并借以取得股息和红利的一种有价证券。股票是资本市场的长期信用工具，可以转让、买卖，股东凭借股票可以分享公司的利润，但也要承担公司运作错误所带来的风险。投资者可以通过证券公司平台买卖股票，享受股息收益和价差收益。

（2）债券。债券是政府、企业、银行等债务人为筹集资金，按照法定程序发行并向债权人承诺于指定日期还本付息的有价证券。投资者可以通过证券公司平台买卖公司债券、可转换债券等不同类型债券，享受债券利息和价差收益。

3. 基金公司

基金是指通过发行基金份额，将投资者分散的资金集中起来，由专业的基金管理机构投资于股票、债券或其他金融资产，并将投资收益按投资者的持有份额分配给投资者的一种利益共享、风险共担的金融产品。

根据不同标准，证券投资基金可以划分为不同的种类：

（1）根据基金单位是否可增加或赎回，证券投资基金可分为开放式基金和封闭式基金。开放式基金一般不上市交易，通过银行、券商、基金公司申购和赎回，基金规模不固定。封闭式基金有固定的存续期，一般在证券交易所上市交易，投资者可以通过二级市场买卖基金。

（2）根据组织形态的不同，证券投资基金可分为公司型基金和契约型基金。通过发行基金股份成立投资基金公司的形式设立的基金，通常称为公司型基金。由基金管理人、基金托管人和投资人三方通过基金契约设立的证券投资基金，通常称为契约型基金。我国的证券投资基金均为契约型基金。

（3）根据投资风险与收益的不同，证券投资基金可分为成长型基金、收入型基金和平衡型基金。

（4）根据投资对象的不同，证券投资基金可分为货币基金、债券基金、混合型基金、股票基金四大类。

（5）根据是否公开募集，证券投资基金可分为公募基金和私募基金。

4. 信托公司

信托理财产品是指信托公司为投资者提供的一种低风险、收益稳定的金融理财产品，是在"受人之托，代人理财"的宗旨下，受托人根据融资方的资金需求设立的特定用途的资金募集行为，委托人基于对受托人的信任，将其财产权委托给受托人，按约定的收益分配期限获取回报的一种金融理财产品。但是该种投资形式门槛相对较高,起投金额为100万元人民币。

任务实施

进一步了解不同的投资方式后,结合小王的实际情况,请你为小王制订一个投资计划并说明理由。

任务拓展

认知投资风险和分类

投资风险管理与控制的关键就是区分风险的类型,识别在投资过程中隐含的风险。投资风险依据不同的分类标准,可以分为以下几类,如表2-2所示。

表2-2 投资风险分类

分类标准	投资风险	投资风险具体内容	举例
按形成的原因	自然风险	由于自然因素的不规则变化给投资主体造成的风险	地震 洪水 台风
	社会风险	由于不可预知的个人行为或团体行为给投资主体带来的风险	欺诈 盗窃 玩忽职守
	经济风险	由于经营管理不善或市场因素变化而引起的风险	经营风险 价格风险 利率风险 通货膨胀风险
	技术风险	由于技术设计及管理不周而产生的风险	系统故障 工程质量不达标 环境污染等引发的风险
按投资风险的性质	纯粹风险	不能带来获利机会、无获得利益可能的风险	自然灾害 人的生老病死
	投机风险	既可能带来机会、获得利益,又隐含威胁、造成损失的风险	流动性风险 市场风险 信用风险

（续表）

分类标准	投资风险	投资风险具体内容	举例
按投资风险涉及的范围	系统风险	由公司外部、不为公司所预计和控制的因素造成的风险	战争 通货膨胀 经济衰退
	非系统风险	由发生在个别公司的特有事件而引起的风险	罢工 新产品开发失败 没有争取到重要合同 诉讼失败

项目三 会计基础

 **项目背景**

　　小王的奶茶事业随着融资的完成正式起步,而日常企业的经营管理带给了他不小的压力。小王发现自己对收入、成本、利润的计算存在一定障碍,必须对过去的财务状况和经营成果进行分析总结,对当前财务状况进行调整和控制,以便预测未来企业财务运作的方向及其影响,从而使奶茶店能够更好、更快地发展壮大。

　　小王尝试用会计基础知识对奶茶店的财务状况进行记录,以日常核算的资料为主要依据,整理出总括反映会计主体在一定时期内的财务状况和经营成果的报告文件。

 **小王的困惑**

1. 会计工作对于奶茶店的经营能够起到怎样的协助作用?
2. 在奶茶店经营中,如何识别资产、负债、收入和费用?
3. 小王应如何填写资产负债表?

任务一 认知会计的概念、职能、对象和核算内容

任务目标

了解会计的概念，熟悉会计的基本职能，掌握会计对于企业经营的作用。

任务导入

财务会计是现代企业的一项重要的基础性经济管理工作，企业会计制度作为企业的重大制度，也受到国家法令和制度的约束，那么会计能够对小王经营奶茶店起到怎样的协助作用？请谈谈你的想法。

任务准备

任务准备1：会计的概念

会计是以货币为主要计量单位，核算和监督企业、政府和非营利组织等单位经济活动的一种经济管理工作，同时，它又是一个以提供财务信息为主的经济信息系统。

会计选择货币作为统一的计量尺度，同时要以实物量度和时间量度等作为辅助的计量尺度。

会计拥有一系列专门方法，包括：①会计核算方法；②会计分析方法；③会计检查方法。

（1）会计核算方法是用来反映和监督会计对象的方法，由于会计对象的多样性和复杂性，决定了用来对其进行反映和监督的会计核算方法不能采取单一的形式，而应该采用方法体系的模式。因此，会计核算方法由设置账户、复式记账、填制和审核凭

证、登记账簿、成本计算、财产清查和编制财务报告七种方法构成了一个完整的、科学的方法体系。

（2）会计分析方法包括如下几种：

A. 定性分析法：是指分析人员运用自己的主观判断，对企业的资金成本、利润等方面进行分析的一种方法。它一般适用于缺乏历史会计资料或其他资料的分析。常用的定性分析方法有：调查分析法和经验分析法。

B. 定量分析法：是指运用统计技术考察事物的规律性，从而把握事物性质的一种分析方法。常用的定量分析方法有：比较分析法、时间序列分析法和因果分析法等。

C. 静态分析法：是指对已发生的经济活动成果，进行综合性的对比分析的一种分析方法。常用的静态分析法有：相对数分析法、平均数分析法、比较分析法、结构分析法、因素替换分析法、综合计算分析法、价值系数分析法等。

D. 动态分析法：是指对企业正在进行的经济活动进行分析的一种方法。常用的动态分析有：指数分析法、发展速度分析法、ABC分析法、平均递增率分析法、季节变动分析法、网络分析法、移动平均数分析法和费用效益分析法等。

E. 预测分析法：是指对企业经济活动未来发展趋势进行分析的一种方法。常用的预测分析法有：最小（大）损益值分析法、回归分析法、矩阵分析法、决策树分析法和马尔可夫分析法等。

F. 经验分析法：是指分析人员根据自己的实践经验和专业知识，对企业预测的资料进行分析，并作出评价判断的一种方法。常用的经验分析法有专家意见法、历史类比法和直觉测定法。

（3）会计检查是会计工作的重要组成部分。它是根据国家的有关法规及方针政策、制度和规定，利用会计凭证、账簿、报表等资料，对经济业务活动、财务收支的合法性、合理性，对会计资料的真实性与完整性，以及对财务制度和财经纪律的遵守情况进行的检查。

会计检查方法是充分发挥会计监督职能的一种手段，目的是保证国家财经法规、政策、制度的贯彻执行，保证单位财产、资金的安全完整和合理使用，以加强经营管理、提高经济效益。它通过发现问题，查明原因，找出漏洞，进行分析总结，寻求改进。

任务准备2：会计的基本职能

会计的职能是指会计在经济管理中所具有的功能，是会计本质的外在表现形式。会计具有核算和监督两项基本职能。

1. 会计的核算职能

会计核算职能是指会计以货币为主要计量单位，通过确认、计量、记录和报告等环节，对特定对象（或称特定主体）的经济活动进行记账、算账、报账，为各信息使用者提供会计信息的功能。会计核算职能是会计的首要职能。

2. 会计的监督职能

会计监督职能是指会计人员在进行会计核算的同时，对特定主体经济活动的合法性和合理性进行审查的功能。

会计监督职能的特点如下：

（1）会计监督主要是通过价值指标进行的。

（2）会计监督对单位经济活动的全过程进行监督，分为事前监督、事中监督和事后监督。

3. 会计核算与会计监督职能的关系

会计核算与会计监督两项基本职能相辅相成、辩证统一。

会计核算是会计监督的基础，没有会计核算提供的各种信息，会计监督就失去了依据。

会计监督又是会计核算质量的保障，如果只有会计核算没有会计监督，就难以保证会计核算所提供信息的真实性和可靠性。

任务准备3：会计对象和会计核算

1. 会计对象

会计对象是指会计核算和会计监督的内容，凡是特定主体能够以货币表现的经济活动，都是会计核算和会计监督的内容，即会计对象。

以货币表现的经济活动，通常又称为价值运动或资金运动。企业的资金运动通常表现为资金投入、资金运用和资金退出三个过程。

1）资金投入

资金投入的过程包括企业所有者（投资者）投入的资金和债权人投入的资金两部分，前者属于企业所有者权益，后者属于企业债权人权益即企业负债。投入企业的资金一部分构成流动资产，另一部分构成非流动资产。

2）资金运用（资金的循环和周转）

（1）供应过程：是指货币资本转化为生产资本、货币转化为商品的过程。购买阶段资金运动的实质是为剩余价值生产做准备。处在这一阶段的货币，既执行一般货币的职能，又执行资本的职能。

（2）生产过程：是指生产资本转化为商品资本的过程，是三个阶段中的决定性阶段。生产阶段资金活动的实质为生产剩余价值。在这个阶段，生产资料和劳动力既发挥一般生产要素的作用，又发挥生产资本的作用。

（3）销售过程：是指商品资本转化为货币资本的过程，是三个阶段中的关键性阶段。销售阶段资本运动的实质：通过出售商品，收回生产中投入的资本，并实现生产中创造的剩余价值。

（4）资金周转是不断重复、周而复始的资本循环过程：

A. 资本周转是反复进行的资本循环，而资本循环是一次资本周转。

B. 资本周转速度：用资本周转时间长短或周转次数来表示。资本周转速度与周转次数成正比，与周转一次的时间成反比。在市场经济条件下，企业通常会缩短资本周转时间，增加资本周转次数，加快资本周转速度。

C. 资本周转时间：是指资本周转一次所需的时间，即资本从一种形态出发，实现价值增值后回到原来形态的时间。

3）资金退出

资金退出的过程包括偿还各项债务、上交各项税金、向所有者分配利润等，完成这一过程后，这部分资金便离开本企业，退出本企业的资金循环与周转。

2. 会计核算的具体内容

《中华人民共和国会计法》（以下简称《会计法》）明确规定，会计核算的具体内容如下：

（1）款项和有价证券的收付。

(2) 财物的收发、增减和使用。

(3) 债权、债务的发生和结算。

(4) 资本的增减。

(5) 收入、支出、费用、成本的计算。

(6) 财务成果的计算和处理。

(7) 其他需要办理会计手续、进行会计核算的事项。

任务实施

小王在经营奶茶店的过程中,哪些行为体现了会计的基本职能或会计对象,请分别作答。

1. 下列各项中,不属于会计核算职能的是(　　)。

　　A. 小王想要确定传单费用支出是否能够进行会计处理

　　B. 小王想要审查上一个季度奶茶原材料采购价格是否合理

　　C. 小王将已经记录的经济活动内容进行计算和汇总

　　D. 小王编制会计报表

2. 小王提前对下个月的成本支出制定合理预算的行为,属于会计监督职能中的(　　)。

　　A. 事前监督　　　　　　　　B. 事中监督

　　C. 事后监督　　　　　　　　D. 内部监督

3. 小王以下经济活动中,不属于奶茶店的会计对象的是(　　)。

　　A. 小王对奶茶店的期初资金投入

　　B. 小王为奶茶店购买机器的支出

　　C. 小王年底对奶茶店利润进行分红

　　D. 小王为筹办奶茶店以个人名义借款

由此可见,小王做好奶茶店的会计工作就能够更加了解有关财务状况、经营成果和现金流量方面的信息,并且可以根据这些信息进行经营模式的决策,有助于小王加强经营管理,提高经济效益,促进企业可持续发展。

 **任务拓展**

权责发生制和收付实现制

《企业会计准则——基本准则》第 9 条规定:"企业应当以权责发生制为基础进行会计确认、计量和报告。"

权责发生制:主要是从时间上规定会计确认的基础,其核心是根据权、责关系实际发生的期间来确认收入和费用。

权责发生制要求凡是当期已经实现的收入、已经发生和应当负担的费用,不论款项是否收付,都应当作为当期的收入、费用;凡是不属于当期的收入、费用,即使款项已经在当期收付了,也不应当作为当期的收入、费用。

收付实现制:与权责发生制相对应的一种会计基础是收付实现制,它是以收到或支付的现金作为确认收入和费用等的依据。

例如,小王于 2023 年 9 月支付一批包装盒费用,而包装盒 10 月才送到店里,在权责发生制下,应计为 10 月的费用;在收付实现制下,应计为 9 月的费用。

又如,小王于今天销售了一笔团体订单,但是对方明天才支付订单款项,在权责发生制下,应计为今天的收入;在收付实现制下,应计为明天的收入。

相信你已经对权责发生制和收付实现制的定义有了一定了解,请将表 3-1 填写完整。

表 3-1 权责发生制与收付实现制的核算对比 单位:元

序号	经济行为	权责发生制(本月)		收付实现制(本月)	
		收入	费用	收入	费用
1	小王本月预付下月店铺房租 4 000 元				
2	本月奶茶订单 15 000 元,实际收到 10 000 元,余款下月支付				
3	小王本月购入机器 1 000 元,款项尚未支付				

任务二　认知会计六要素

任务目标

了解会计六要素,掌握会计六要素各自的定义与特征,理解会计等式。

任务导入

会计要素是会计对象按经济特征所作的最基本分类,也是会计核算对象的具体化。会计要素分为六大类,即资产、负债、所有者权益、收入、费用和利润。

资产、负债、所有者权益属于反映财务状况的会计要素,财务状况是指企业一定时期内资产及权益情况,是资金运动相对静止状态时的表现。

收入、费用和利润属于反映经营成果的会计要素,经营成果是企业在一定时期内从事生产经营活动所取得的最终成果,是资金运动显著变动状态的主要体现。

小王若想通过财务会计具体了解奶茶店的财务状况与经营成果,那么必须先了解会计六要素及其之间的关系。

任务准备

任务准备 1:资产的定义、特征及分类

1. 资产的定义

资产是指企业过去的交易或者事项形成的、由企业拥有或者控制的、预期会给企业带来经济利益的资源。

2. 资产的特征

(1) 资产能够直接或间接地给企业带来经济利益。

(2) 资产是为企业拥有的，或者即使不为企业所拥有也是企业能够控制的资源。

(3) 资产是由过去已经发生的交易或事项所产生的结果，资产必须是现实的资产，而不能是预期的资产，未来交易或事项可能产生的结果不能作为资产确认。

3. 资产的分类

资产按其流动性不同，分为流动资产和非流动资产。

流动资产主要包括货币资金、交易性金融资产、应收票据、应收账款、预付款项、应收利息、应收股利、其他应收款、存货等。

非流动资产是指流动资产以外的资产，主要包括长期股权投资、固定资产、在建工程、工程物资、无形资产等。

任务准备 2：负债的定义、特征及分类

1. 负债的定义

负债是指企业过去的交易或者事项形成的、预期会导致经济利益流出企业的现时义务。

2. 负债的特征

(1) 负债的清偿预期会导致经济利益流出企业。

(2) 负债是由过去的交易或事项形成的现时义务，对于企业正在筹划的未来交易或事项，如企业的业务计划等，并不构成企业的负债。导致负债的交易或事项必须已经发生。

现时义务是指企业在现行条件下已承担的义务。未来发生的交易或者事项形成的义务，不属于现时义务，不应当确认为负债。

3. 负债的分类

负债按其流动性不同，分为流动负债和非流动负债。

流动负债主要包括短期借款、应付票据、应付账款、预收款项、应付职工薪酬、应交税费、应付利息、应付股利、其他应付款等。

非流动负债是指流动负债以外的负债，主要包括长期借款、应付债券等。

任务准备 3：所有者权益的定义与特征

1. 所有者权益的定义

所有者权益是指企业资产扣除负债后由所有者享有的剩余权益，其金额为资产减去负债后的余额。

2. 所有者权益的特征

（1）除非发生减资、清算或分派现金股利，企业不需要偿还所有者权益。

（2）企业清算时，只有在清偿所有的负债后，所有者权益才返还给所有者。

（3）所有者凭借所有者权益参与企业利润的分配。

任务准备 4：收入的定义、特征及分类

1. 收入的定义

收入是指企业在日常活动中形成的、会导致所有者权益增加的、与所有者投入资本无关的经济利益的总流入。

2. 收入的特征

（1）收入是在日常活动中形成的。企业非日常活动所形成的经济利益的流入不能确认为收入，而应当确认为利得。

（2）收入会导致经济利益的流入，该流入不包括所有者投入的资产，从而导致资产的增加或负债的减少，或两者兼有。

（3）收入最终会导致所有者权益的增加。

3. 收入的分类

根据企业所从事的日常活动的内容，企业的收入可以分为主营业务收入和其他业务收入。

任务准备 5：费用的定义、特征及分类

1. 费用的定义

费用是指企业在日常活动中发生的、会导致所有者权益减少的、与向所有者分配利润无关的经济利益的总流出。

2. 费用的特征

（1）费用是在日常活动中形成的。企业非日常活动所形成的经济利益的流出不能确认为费用，而应当确认为损失。

（2）费用会导致经济利益的流出，该流出不包括向所有者分配利润，从而导致资产的减少或负债的增加，或两者兼而有之。

（3）费用最终会导致所有者权益的减少。

3. 费用的分类

费用按照其功能可以分为营业成本和期间费用两大类。营业成本又可分为主营业务成本和其他业务成本。期间费用是指企业本期发生的、不能直接或间接归入营业成本，而是直接计入当期损益的各项费用，包括销售费用、管理费用和财务费用。

任务准备6：利润的定义与分类

1. 利润的定义

利润是指企业在一定会计期间的经营成果。利润是收入减去费用后的净额再加上直接计入当期利润的利得，减去损失。其计算公式如下：

$$利润 = 营业利润 + 非营业利润$$

收入减去费用，并经过调整后才是利润。

2. 利润的分类

利润一般包括营业利润、利润总额和净利润。

任务准备7：会计等式

1. 会计第一等式（静态会计等式）

$$资产 = 负债 + 所有者权益$$

2. 会计第二等式（动态会计等式）

$$利润＝收入－费用$$

3. 会计第三等式

$$资产＝负债＋所有者权益＋收入－费用$$

其中，会计第三等式看似与第一等式矛盾，但其实是企业在经营中产生了利润（会计第二等式），而利润又会作为资产投入下一轮的经营，于是就产生了会计第三等式。会计第三等式并没有破坏会计第一等式。

任务实施

根据对会计六要素的理解，完成下列题目。

1. 下列各项中，不属于小王奶茶店的资产的是（　　）。

   A. 店中正常运行的机器

   B. 店中储存的茶叶和牛奶

   C. 店中损坏报废的储物柜

   D. 小王自主申请的奶茶商标

2. 小王年底对奶茶店利润进行分配（　　）费用。

   A. 属于　　　　　　　　　　　　B. 不属于

3. 奶茶店的所有者权益_____代表财务状况越好，利润_____代表经营成果越好。（　　）

   A. 越高；越高　　　　　　　　　B. 越高；越低

   C. 越低；越高　　　　　　　　　D. 越低；越低

4. 因市场原料紧缺，小王同行向小王购买茶叶10千克，则出售茶叶的收入属于收入分类中的（　　）。

   A. 主营业务收入　　　　　　　　B. 非主营业务收入

   C. 其他业务收入　　　　　　　　D. 投资收入

5. 本月底统计，奶茶店资产为20万元，负债为10万元，则所有者权益为（　　）万元。

   A. 20　　　　　B. 10　　　　　C. 30　　　　　D. 0

 任务拓展

经济业务对会计等式的影响

不考虑收入和费用时会计等式的恒等关系,即"资产＝负债＋所有者权益",主要有以下三种情况:

(1) 会计等式的左右两边的两个要素项目同时增加,会计等式保持恒等关系。

(2) 会计等式的左右两边的两个要素项目同时减少,会计等式保持恒等关系。

(3) 会计等式右边的两个要素项目一增一减,会计等式保持恒等关系。

请判断以下经济业务对会计等式的影响:

(1) 小王以奶茶店的名义从银行取得经营贷款10万元。

资产和负债要素同时等额增加10万元。

(2) 奶茶用银行存款归还所欠某公司的货款2万元。

资产和负债要素同时等额减少2万元。

(3) 奶茶店用银行存款8万元购买一台设备,设备已交付使用。

资产要素内部项目等额有增有减,负债和所有者权益要素不变。

任务三 如何填写资产负债表

任务目标

了解资产负债表的结构,理解资产负债表中的主要科目,掌握资产负债表的填写方式。

任务导入

小王需要为自己的奶茶店编写一张资产负债表,现阶段除去小王已有 2 名员工。小王为自己列了一张收支清单,如表 3-2 所示。

表 3-2 小王的收支清单

序号	项目	金额(元)
1	父母借款	300 000
2	待发放员工首月工资	36 000
3	采购款(未支付)	20 000
4	年店租押金	46 000
5	家具、冰柜等	122 800
6	现金	187 200

请你依据表 3-2 的内容,填写一张完整的资产负债表,如表 3-3 所示。

表 3-3 资产负债表

会小企 01 表

编制单位: 单位:元

资产	期末余额	年初余额	负债和所有者权益	期末余额	年初余额
流动资产			流动负债		
货币资金			短期借款		

(续表)

资产	期末余额	年初余额	负债和所有者权益	期末余额	年初余额
交易性金融资产			应付票据		
应收票据			应付账款		
应收账款			预收账款		
预付账款			应付职工薪酬		
其他应收款			其他流动负债		
存货					
其他流动资产					
流动资产合计			流动负债合计		
固定资产账面价值			长期借款		
无形资产			长期应付款		
其他非流动资产			递延收益		
非流动资产合计			其他非流动负债		
			非流动负债合计		
资产合计			负债合计		
			所有者权益合计		
			负债和所有者权益总计		

任务准备

任务准备1：资产负债表的定义及特点

1. 资产负债表的定义

资产负债表是总括反映企业在一定日期（如年末、季末、月末）的全部资产、负债、所有者权益的会计报表。

2. 资产负债表的特点

(1) 属于静态会计报表,反映一定时点的财务状况(月报、年报)。

(2) 按权责发生制填制。

(3) 反映资产与负债、所有者权益之间的关系,即资产=负债+所有者权益。

(4) 反映资产、负债、所有者权益的存量及其结构等信息。

任务准备 2:资产负债表的意义

资产负债表可以反映企业资产的构成及其状况,分析企业在某一日期所拥有的经济资源及其分布情况。

资产负债表可以反映企业某一日期的负债总额及其结构,分析企业目前与未来需要支付的债务数额。

资产负债表可以反映企业所有者权益的情况,了解企业现有的投资者在企业资产总额中享有的份额。

通过对资产负债表项目金额及其相关比率的分析,可以帮助报表使用者全面了解企业的资产状况、盈利能力,分析企业的债务偿还能力,从而为企业未来的经济决策提供信息。

任务准备 3:资产负债表的内容

1. 资产

资产负债表中的资产项目分为流动资产和非流动资产两部分。

流动资产是指企业在一年内或者超过一年的一个营业周期内可以变现或者运用的资产。

流动资产的主要项目有:货币资金、交易性金融资产、应收票据、应收账款、其他应收款、预付款项、存货、一年内到期的非流动资产、其他流动资产等。

非流动资产是指流动资产以外的其他资产,主要项目有:长期股权投资、固定资产、在建工程、工程物资等。

2. 负债

资产负债表中负债项目分为流动负债和非流动负债两部分。

流动负债是指企业在一年内或者超过一年的一个营业周期内需要偿还的负债。流动负债的主要项目有：短期借款、应付票据、应付账款、预收款项、应付职工薪酬、应交税费、应付利息、应付股利等。

非流动负债是指偿还期在一年以上或者超过一年的一个营业周期的负债，非流动负债的主要项目有：长期借款、应付债券、长期应付款等。

3. 所有者权益

所有者权益是指企业的所有者对企业净资产的要求权。净资产等于企业全部资产减去全部负债后的余额。

所有者权益应当单独列示反映下列项目：实收资本（股本）、资本公积、盈余公积和未分配利润。

任务实施

1. 计算税金

小王通过投融资管理获得扩大奶茶店规模所需的资金后，大规模地购进奶茶店所需的经营设备等资产及大量的水果、茶奶、糖料等原材料作为存货。这些设备等资产在未来能够产生收入和利润，存货占据了小王总资产的大部分比例，所以奶茶店的资产结构是以存货为主，它们将为奶茶店带来收入和利润。

因此，小王发现资产负债表的存货决定了利润表未来的利润结构，资产结构和营运活动效率决定了利润结构和利润多少。

但他在计算利润成本时，发现还需要缴纳税金及附加。税收取之于民，用之于民，广大纳税人应承担起应尽的责任和义务，做一个守信合法的纳税人。

于是，他计算了销售收入及正常年份的税金及附加。

平均一杯中杯奶茶 13 元，大杯奶茶 17 元，果汁 18 元，咖啡 16 元。

（1）预估春夏季每月销售中杯奶茶 1 200 杯，大杯奶茶 800 杯，果汁 1 200 杯，咖啡 880 杯。

请你帮小王预估一下每月销售额为_____元。

(2) 预估秋冬季每月销售中杯奶茶 1 800 杯,大杯奶茶 600 杯,果汁 60 杯,咖啡 1 200 杯。

请你帮小王预估一下每月销售额为_____元。

(3) 根据四个季度的数据测算,小王奶茶店的全年销售额为_____元。

(4) 销售收入需要缴纳增值税,已知小王奶茶店核定的增值税税率为 5%,请你帮小王了解增值税的计税依据和计算方法,帮小王完成奶茶店需要缴纳增值税税额的计算。

增值税计算公式:增值税税额＝销售额×增值税税率

经过测算,小王奶茶店全年需要缴纳增值税_____元。

注:暂不计算城市维护建设税和教育费附加,暂不考虑小规模纳税人的增值税减免。

2. 计算费用

小王列出了总成本费用估算表,请你根据表 3-4 中已有数据的规律计算表 3-4 中第 2 年至第 6 年的"总成本费用"和"经营成本"。

表 3-4 总成本费用估算表   单位:元

序号	名称	计算期					
		第1年	第2年	第3年	第4年	第5年	第6年
1	房租	46 000	46 000	46 000	46 000	46 000	46 000
2	员工工资	120 000	120 000	120 000	120 000	120 000	120 000
3	水电费	9 200	9 200	9 200	9 200	9 200	9 200
4	维修费	880	880	1 880	580	5 880	880
5	原材料	49 800	49 800	49 800	49 800	49 800	49 800
6	折旧费	0	1 200	1 800	1 800	1 600	2 200
7	固定资产	16 250.8	0	0	0	0	0
8	装修	3 600	0	0	12 000	0	0
9	总成本费用	245 730.8					
10	转让费	122 000	0	0	0	0	0
11	经营成本	367 730.8					

请你根据表 3-4 的数据填写表 3-5。

表 3-5　奶茶店部分经营数据（预估营业收入总额每年增长 10%）　　　　　单位：元

项目名称	第 1 年	第 2 年	第 3 年	第 4 年	第 5 年	第 6 年
营业收入总额						
经营成本						
营业利润						
所得税额（税率 25%）						
净利润						

通过小王奶茶店的实际经营财务数据，你是否重新认识了奶茶店呢？

任务拓展

《企业会计制度》内容

会计制度也受国家法令和制度的约束。为了规范企业的会计核算，使企业真实、完整地提供会计信息，根据《会计法》及国家其他有关法律和法规，我国财政部会计司出台制定了《企业会计制度》。

其中，第 13 章《财务会计报告》的内容如下：

第 151 条　企业应当按照《企业财务会计报告条例》的规定，编制和对外提供真实、完整的财务会计报告。

第 152 条　企业的财务会计报告分为年度、半年度、季度和月度财务会计报告。月度、季度财务会计报告是指月度和季度终了提供的财务会计报告；半年度财务会计报告是指在每个会计年度的前 6 个月结束后对外提供的财务会计报告；年度财务会计报告是指年度终了对外提供的财务会计报告。

本制度将半年度、季度和月度财务会计报告统称为中期财务会计报告。

第 153 条　企业的财务会计报告由会计报表、会计报表附注和财务情况说明书组成（不要求编制和提供财务情况说明书的企业除外）。企业对外提供的财务会计报告的内容、会计报表种类和格式、会计报表附注的主要内容等，由本制度规定；企业内部管理需要的会计报表由企业自行规定。

季度、月度中期财务会计报告通常仅指会计报表，国家统一的会计制度另有规定的除外。

半年度中期财务会计报告中的会计报表附注至少应当披露所有重大的事项,如转让子公司等。半年度中期财务会计报告报出前发生的资产负债表日后事项、或有事项等,除特别重大事项外,可不作调整或披露。

第154条 企业向外提供的会计报表包括:

(一)资产负债表;

(二)利润表;

(三)现金流量表;

(四)资产减值准备明细表;

(五)利润分配表;

(六)股东权益增减变动表;

(七)分部报表;

(八)其他有关附表。

第155条 会计报表附注至少应当包括下列内容:

(一)不符合会计核算基本前提的说明;

(二)重要会计政策和会计估计的说明;

(三)重要会计政策和会计估计变更的说明;

(四)或有事项和资产负债表日后事项的说明;

(五)关联方关系及其交易的披露;

(六)重要资产转让及其出售的说明;

(七)企业合并、分立的说明;

(八)会计报表中重要项目的明细资料;

(九)有助于理解和分析会计报表需要说明的其他事项。

第156条 财务情况说明书至少应当对下列情况做出说明:

(一)企业生产经营的基本情况;

(二)利润实现和分配情况;

(三)资金增减和周转情况;

(四)对企业财务状况、经营成果和现金流量有重大影响的其他事项。

第157条 月度中期财务会计报告应当于月度终了后6天内(节假日顺延,下同)对外提供;季度中期财务会计报告应当于季度终了后15天内对外提供;半年度中期财务会计报告应当于年度中期结束后60天内(相当于两个连续的月份)对外提供;年度财务会计报告应当于年度终了后4个月内对外提供。

会计报表的填列,以人民币"元"为金额单位,"元"以下填至"分"。

第158条　企业对其他单位投资如占该单位资本总额50%以上(不含50%),或虽然占该单位注册资本总额不足50%但具有实质控制权的,应当编制合并会计报表。合并会计报表的编制原则和方法,按照国家统一的会计制度中有关合并会计报表的规定执行。

企业在编制合并会计报表时,应当将合营企业合并在内,并按照比例合并方法对合营企业的资产、负债、收入、费用、利润等予以合并。

第159条　企业对外提供的会计报表应当依次编定页数,加具封面,装订成册,加盖公章。封面上应当注明:企业名称、企业统一代码、组织形式、地址、报表所属年度或者月份、报出日期,并由企业负责人和主管会计工作的负责人、会计机构负责人(会计主管人员)签名并盖章;又设置总会计师的企业,还应当由总会计师签名并盖章。

项目四　税务入门

项目背景

小王决定经营奶茶店后发现需要办理《营业执照》《税务登记证》《食品经营许可证》《食品卫生许可证》等证件。经过了解,小王发现现在办理相关证照已经"多证合一"(即将企业依次申请的工商营业执照、组织机构代码证和税务登记证等多个证件合为一证,旨在提高市场准入效率)。

公司注册的形式包括:

(1) 我国法定公司有两种形式:有限责任公司和股份有限公司。有限责任公司是指根据《中华人民共和国公司登记管理条例》规定登记注册,由50个以下的股东出资设立,每个股东以其所认缴的出资额为限对公司承担有限责任,公司以其全部资产对公司债务承担全部责任的经济组织。股份有限公司是指公司资本是由股份组成的公司,股东以其认购的股份为限对公司承担责任。

(2) 合伙企业:由各合伙人订立合伙协议,共同出资,共同经营,共享收益,共担风险,并对企业债务承担无限连带责任的营利性组织。合伙企业分为普通合伙企业和有限合伙企业。

(3) 个体工商户:在法律允许的范围内,依法经核准登记,从事工商经营活动的自然人或者家庭。单个自然人申请个体经营,应当是16周岁以上有劳动能力的自然人。

（4）个人独资企业：个人出资经营、归个人所有和控制、由个人承担经营风险和享有全部经营收益的企业。以独资经营方式经营的独资企业有无限的经济责任，破产时借方可以扣留业主的个人财产。

与此同时，企业也可以根据自身业务开展的需要，决定不同的税务身份。可以选择的税务身份包括：①小规模纳税人。②一般纳税人。

小规模纳税人与一般纳税人的区别如下：

（1）一般纳税人：年应征增值税销售额大于500万元的纳税人，会计核算健全，能够提供准确税务资料的，可以向主管税务机关办理一般纳税人登记。

（2）小规模纳税人：年应征增值税销售额在规定标准以下，并且会计核算不健全，不能按规定报送有关税务资料的增值税纳税人。小规模纳税人认定标准如下：

A. 从事货物生产或者提供应税劳务的纳税人，以及从事生产货物或者提供应税劳务为主，并兼营货物批发、零售业务的纳税人，年应征增值税销售额低于50万元（含本数，下同）的。

B. 对上述规定以外的纳税人，年应征增值税销售额在80万元以下的。

C. 其他个人年应征增值税销售额超过小规模纳税人标准的，按照小规模纳税人纳税。

D. 非企业单位和应税行为不频繁的企业可以选择按小规模纳税人纳税。

在所有经济活动中，企业的良好运营与税务合规密不可分。不同的公司注册形式和不同的税务身份，对企业的税务要求会有所不同。

 **小王的困惑**

1. 奶茶店在经营过程中会面对哪些种类的税收？
2. 奶茶店产生利润后，需要缴纳哪种税？
3. 小王希望从奶茶店获得利润分红，小王雇佣的员工需要拿到工资，他们又应该缴纳哪种税？

任务一 认知税收的种类

任务目标

了解税收的概念,能够辨析不同税收的种类,掌握税种的分类方法。

任务导入

税收,又称为赋税、捐税、租税,是国家凭借政治权力,运用法律手段,对一部分社会产品进行强制性的分配,无偿地取得财政收入的一种形式。

税收与其他财政收入方式相比,在形式上具有三项主要特征,即强制性、无偿性和固定性。强制性是指税法是通过一定的立法程序制定的,纳税人有依法纳税的义务,如果纳税人不依法履行纳税义务,国家就要依法强制征收。无偿性是指国家向纳税人无偿征收税收,税款一经征收,即转归国家所有,不再归还给纳税人。固定性是指税收是国家按照法律规定的标准向纳税人征收的,任何纳税人和征收机关都无权改变法律规定的征税标准。

在奶茶店的经营过程是如何体现税收的强制性、无偿性和固定性的?请举例说明。

任务准备

根据征税对象的不同,我们可将税收划分成不同的种别。不同的征税对象是一个税种区别于另一个税种的主要标志,税种的名称一般以征税对象来命名。例如:

(1) 对增值额课税的税种,称为增值税。
(2) 对资源课税的税种,称为资源税。

这些要素有机地组合在一起构成具体的税种，各类税种有机地组合在一起构成一个国家的税收制度。

税收制度的主体是税种，世界各国普遍实行由多个税种组成的税收体系。在这一体系中，各种税既有各自的特点，又存在多方面的共同点。因此，我们可以从不同的角度对各种税进行分类、研究。按照不同的分类标准，税种的分类方法一般有以下几种。

1. 按征税对象分类

征税对象是税法的一个基本要素，是一种税区别于另一种税的主要标志。因此，按征税对象的不同来分类，是税种最基本和最主要的分类方法。按照这个标准，我国税种大体可分为以下五类。

1) 对流转额的征税

对流转额的征税简称为流转税或商品和劳务税。它是对销售商品或提供劳务的流转额征收的一类税收。商品交易发生的流转额称为商品流转额，商品流转额既可以指商品的实物流转额，也可以指商品的货币流转额。商品交易是一种买卖行为，如果税法规定卖方为纳税人，商品流转额即为商品销售数量或销售收入；如果税法规定买方为纳税人，商品流转额即为采购数量或采购支付金额。非商品流转额是指各种社会服务性行业提供劳务所取得的业务或劳务收入金额。按销售收入减除物耗后的增值额征收的增值税，也归于流转税一类。

流转税与商品（或劳务）的交换相联系，商品无处不在，又处于不断流动之中，这决定了流转税的征税范围十分广泛。流转税的计征，只问收入有无，而不管经营好坏、成本高低、利润大小；流转税采用比例税率或定额税率，计算简便，易于征收；流转税形式上由商品生产者或销售者缴纳，但其税款常附着于卖价，易转嫁给消费者，而消费者却不能直接感到税负的压力。由于以上原因，流转税对保证国家及时、稳定、可靠地取得财政收入有着重要的作用。同时，它对调节生产、消费也有一定的作用。因此，流转税一直是我国的主体税种，一方面体现在它的收入在全部税收收入中所占的比重较大；另一方面体现在它的调节面比较广泛，对经济的调节作用比较显著。

我国的当前征收的流转税主要有：增值税、消费税和关税。

2) 对所得额的征税

对所得额的征税简称为所得税。税法规定应当征税的所得额，一般是指以下几种：

(1) 有合法来源的所得。合法的所得大致包括生产经营所得(如利润等)，提供劳务所得(如工资、薪金、劳务报酬等)，投资所得(如股息、利息、特许权使用费收入等)和其他所得(如财产租赁所得、遗产继承所得等)四类。

(2) 纳税人的货币所得，或能以货币衡量或计算其价值的经济上的所得，不包括荣誉性、知识性的所得和体质上、心理上的所得。

(3) 纳税人的纯所得，即纳税人在一定时期的总收入扣除成本、费用，以及纳税人个人的生活费用和赡养近亲的费用后的净所得。

(4) 增强纳税能力的实际所得。例如，利息收入可增加纳税人能力，可作为所得税的征收范围；而存款的提取，则不应列入征税范围。

总的来说，所得税是对纳税人在一定时期(通常为一年)的合法收入总额减除成本费用和法定允许扣除的其他各项支出后的余额，即对应纳税所得额征收的税。

所得税按照纳税人负担能力(即所得)的大小和有无来确定税收负担，实行"所得多的多征，所得少的少征，无所得的不征"的原则。因此，所得税对调节国民收入分配，缩小纳税人之间的收入差距有着特殊的作用。同时，所得税的征收面也较为广泛，已成为经济发达国家的主要收入来源。在我国，随着经济的发展，人民所得的增加，所得税已成为近年来收入增长较快的一类税。

我国当前开征的所得税主要有：企业所得税、个人所得税。

3) 对资源的征税

对资源的征税是对开发、利用和占有国有自然资源的单位和个人征收的一类税。征收这类税有两个目的：①取得资源消耗的补偿基金，保护国有资源的合理开发利用；②调节资源级差收入，以利于企业在平等的基础上开展竞争。

我国对资源的征税主要有：城镇土地使用税、资源税、土地增值税。

4) 对财产的征税

对财产的征税是对纳税人所拥有或属其支配的财产数量或价值额征收的税，包括对财产的直接征收和对财产转移的征收。征收这类税收除了为国家取得财政收入，对提高财产的利用效果、限制财产不必要的占有量有一定作用。

我国对财产的征税主要有：房产税、契税、车船税。

5）对行为的征税

对行为的征税也称行为税,一般是指以某些特定行为为征税对象征收的一类税收。征收这类税收是为了对某些特定行为进行限制、调节,使微观活动符合宏观经济的要求;或只是为了开辟地方财源,达到特定的目的。这类税收的设置比较灵活,其中有些税种具有临时税的性质。

我国对行为的征税主要有:印花税、车辆购置税、城市维护建设税、耕地占用税、固定资产投资方向调节税(已停征)、屠宰税(税费改革中停征)、筵席税(由各省决定是否开征,目前各省均已停征)。

2. 按税收管理和使用权限分类

税收按其管理和使用权限划分,可分为中央税、地方税、中央地方共享税。这是在分级财政体制下的一种重要的分类方法,通过这种划分,可使各级财政有相应的收入来源和一定范围的税收管理权限,从而有利于调动各级财政组织的积极性,更好地完成一级财政的任务。一般的做法是,将税源集中、收入大、涉及面广、由全国统一立法和统一管理的税种划作中央税,将与地方经济联系紧密、税源比较分散的税种列为地方税,将既能兼顾中央和地方经济利益、又有利于调动地方组织收入积极性的税种列为中央地方共享税。当前,我国的中央税主要有关税、消费税;地方税主要有城镇土地使用税、房产税等;中央地方共享税主要有增值税、资源税等。

3. 按税收与价格的关系分类

按税收与价格的关系划分,税收可分为价内税和价外税。在市场经济条件下,税收与商品、劳务或财产的价格有着密切的关系,对商品和劳务课征的税收既可以包含于价格之中也可以在价格之外。凡税收构成价格组成部分的税收称为价内税;凡税收是价格之外的附加额的税收称为价外税。前者,其价格的组成＝成本＋利润＋税金;后者,其价格＝成本＋利润。价内税有利于国家通过对税负的调整,直接调节生产和消费,但往往容易造成对价格的扭曲。价外税与企业的成本核算和利润、价格没有直接联系,能更好地反映企业的经营成果,不致因征税而影响公平竞争;同时,价外税不干扰价格对市场供求状况的正确反映。因此,价外税更适应市场经济的要求。价内税的税种有消费税、资源税、个人所得税、房产税。目前,我国的价外税主要是指增值税。

4. 按税负是否易于转嫁分类

税收按其负担是否易于转嫁划分,可分为直接税和间接税。税负转嫁是指纳税人依法缴纳税款之后,通过种种途径将所缴税款的一部分或全部转移给他人负担的经济现象和过程,它表现为纳税人与负税人的非一致性。由纳税人直接负担的税收称为直接税,在这种情况下,纳税人即负税人,如所得税、遗产税等;由纳税人转嫁给负税人的税收称为间接税,即负税人通过纳税人间接缴纳的税收,如增值税、消费税、关税等。

5. 按计税标准分类

税收按其计税依据的不同,可分为从价税和从量税。从价税是指以征税对象的价值量为标准计算征收的税收,税额的多少将随着价格的变动而相应增减。从量税是指按征税对象的重量、件数、容积、面积等为标准,采用固定税额征收的税收。从量税具有计算简便的优点,但税收收入不能随价格高低而增减。

除上述主要分类外,还有一些其他分类方法。例如,在我国按征收机关划分,税收可分为工商税系、关税税系和农业税系三大类,工商税收由各级国家税务机关和地方税务机关征收管理;关税由海关负责征收管理。又如,按缴纳形式划分,税收可分为力役税、实物税和货币税。再如,按税收的用途划分,税收可分为一般税和目的税。

任务实施

小王在奶茶店的运营中,会遇到不同的税种,请完成下列题目。

1. 完成奶茶的销售,开立(　　)发票。

　　A. 增值税　　　　　　B. 消费税　　　　　　C. 关税

2. 增值税属于(　　)。

　　A. 价内税　　　　　　B. 价外税　　　　　　C. 营业税

3. 奶茶店一季度的报表显示收入大于成本,产生了盈利,奶茶铺需要缴纳(　　)。

　　A. 增值税　　　　　　B. 企业所得税　　　　C. 个人所得税

4. 奶茶店的员工每月5日可以领取相应的工资,针对工资,员工需要缴纳(　　)。

　　A. 增值税　　　　　　B. 企业所得税　　　　C. 个人所得税

5. 增值税属于(　　)。

　　A. 直接税　　　　　　B. 间接税　　　　　　C. 以上都是

 任务拓展

为什么国家要推行"营改增"

"营改增"全称是营业税改增值税，国家在"十二五"期间将营业税这一税种基本取消，本来在营业税征收范围的行业全都转为增值税。

减少营业税的重复征收对大部分企业来说税负下降，由于发票可以抵扣一部分增值税，增加了企业的议价能力，营改增一旦完成全行业会形成抵扣链。

增值税是以商品在流转过程中产生的增值额作为计税依据而征收的一种流转税。增值税根据对外购入固定资产所含税金扣除方式的不同，可分为生产型增值税、收入型增值税、消费型增值税三大税收类型。奶茶店属于生产型增值税与消费型增值税。

小王研究了增值税进项税和销项税的概念后，发现进项税抵扣凭证的分类，如图4-1所示。

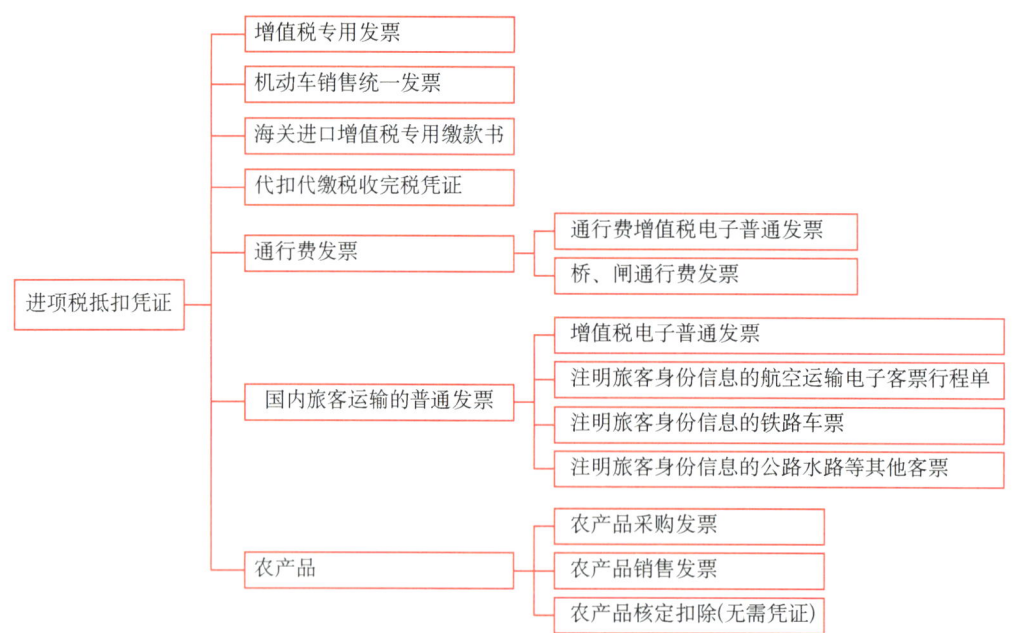

图4-1 进项税抵扣凭证的分类

奶茶店的进项是指小王进货的项目，销项是指小王销售的项目。当小王进货时，他向商户付钱并取得商户开具增值税发票。而小王卖出奶茶店的产品后，消费者也

有权要求小王开立销售发票给消费者。

小王发现一般计税方法的应纳税额,是指当期销项税额抵扣当期进项税额后的余额。应纳税额计算公式如下:

$$应纳税额＝当期销项税额－当期进项税额$$

当期销项税额小于当期进项税额不足抵扣时,其不足部分可以结转下期继续抵扣。

你见过增值税专用发票吗?请你去便利超市、咖啡店、餐厅任意消费一笔,并要求商户为你开具增值税专用发票,研究增值税专用发票的品类。增值税专用发票票样,如图4-2所示。

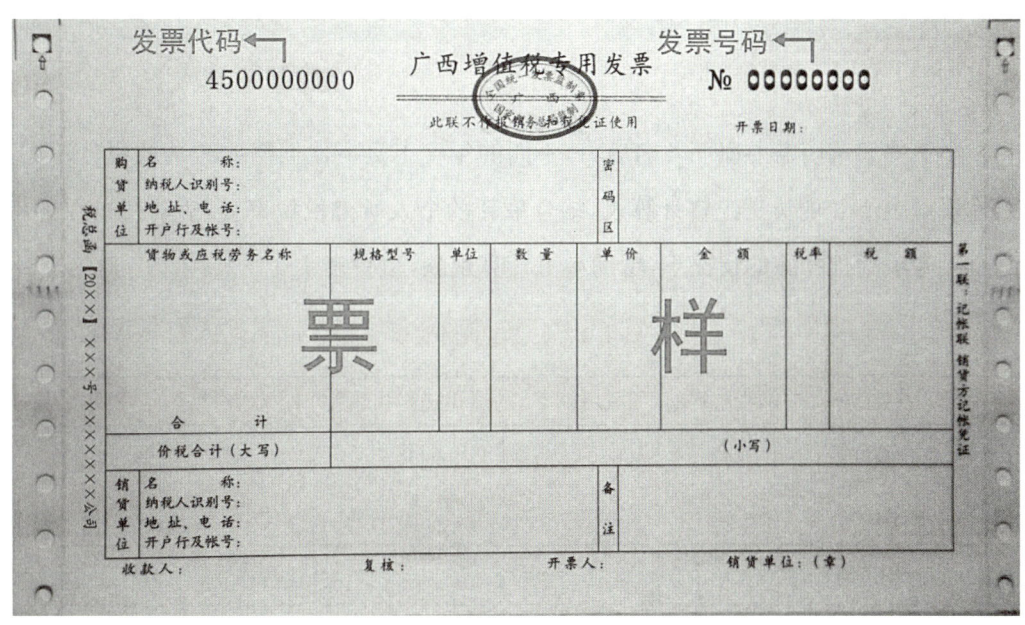

图4-2 增值税专用发票票样

请你根据增值税专用发票中的内容,向同学介绍你看到的增值税专用发票。

任务二　认知个人所得税

任务目标

了解个人所得税的概念和内容,掌握应纳税所得额与应纳税额。

任务导入

小王的奶茶店需要雇佣几名店员,不同的年度工资下他们需要缴纳的税款不同,请你根据表4-1的员工工资计算表,结合最新的个人所得税税率表(表4-2),在不考虑个人专项附加扣除的情况下,帮助小王计算税款,填写表4-1。

表4-1　员工工资计算表　　　　　　　　　　　　　　　金额单位:元

序号	税前工资	应纳税所得额	适用税率	适用速算扣除数	应纳税额	税后工资
1	56 000	0	0	0	0	56 000
2	63 000					
3	87 000					
4	100 000					
5	270 000					
6	380 000					

表4-2　个人所得税税率(综合所得适用)

级数	全年应纳税所得额	税率	速算扣除数
1	不超过36 000元的	3%	0
2	超过36 000元至144 000元的部分	10%	2 520

(续表)

级数	全年应纳税所得额	税率	速算扣除数
3	超过144 000元至300 000元的部分	20%	16 920
4	超过300 000元至420 000元的部分	25%	31 920
5	超过420 000元至660 000元的部分	30%	52 920
6	超过660 000元至960 000元的部分	35%	85 920
7	超过960 000元的部分	45%	181 920

任务准备

任务准备1:个人所得税的概念

个人所得税(individual income tax),是以个人(自然人)取得的各项应税所得为对象征收的一种税,是调整征税机关与自然人(居民、非居民人)之间在个人所得税的征纳与管理过程中所发生的社会关系的法律规范的总称。个人所得税的纳税人是指在中国境内有住所,或者虽无住所但在境内居住满一年,以及无住所又不居住或居住不满一年但从中国境内取得所得的个人,包括中国公民、个体工商户、外籍个人等。

任务准备2:个人所得税的课税原则分类

个人所得税的课税原则有"属地主义原则"和"属人主义原则"之分。按照"属地主义原则",个人所得税只对来源于本国的收入征税,而不论纳税人是否属于公民还是居民;按照"属人主义原则",个人所得税只对本国的公民或居民征税,而不论其收入来源于国内还是国外。

任务准备3:如何确定应税所得

个人所得税的课税对象是个人所得额,而如何确定应税所得,西方经济学界有两种对立的理论：一种是"所得来源说"，即认为只有从一个可以获得固定收入的永久性"来源"中取得的收入，才应被视为应税所得；另一种是"净增值说"，即认为应税所得应包括所有的净收益、由第三者提供劳务以货币价值实现的福利，以及所有的赠与、遗产、中奖收入、投资收入和年金等各种周期性收益，但要从中扣除所有已支付的利息和资本损失。国际通用的个人所得税税制有分类所得税制、综合所得税制、混合所得税制三种模式。下面主要介绍分类所得税制和综合所得税制。

（1）分类所得税制是指对税法规定的各种来源不同的所得，分别课以各种不同的所得税的一种制度。

（2）综合所得税制是指对纳税人个人的各种应税所得（如工薪收入、利息、股息、财产所得等）的综合征收。这种税制多采用累进税率，并以申报法征收。其优点是能够量能课税，公平税负。但这种税制需要纳税人纳税意识强、服从程度高，征收机关征管手段先进、工作效率高。综合所得税制最先出现于德国，现为世界各国普遍采用。

任务准备 4：我国个人所得税改革历程

2017年3月，时任财政部部长肖捷表示，个人所得税改革方案正在研究设计和论证中，总的思路是个人所得税改革从实际出发，以走向"综合与分类相结合"的新税收体制为目标，一方面对工资薪金、劳务报酬、稿酬等部分收入项目实行按年汇总纳税，同时适当增加二孩家庭教育支出等与家庭生计相关的专项开支扣除项目；另一方面，财产转让等方面的收入所得项目继续实行分类征收。

2018年3月5日，时任国务院总理李克强在第十三届全国人民代表大会第一次会议开幕式上作政府工作报告，报告中提到提高个人所得税起征点，增加子女教育、大病医疗等专项费用扣除，合理减负，鼓励人民群众通过劳动增加收入、迈向富裕。

2018年6月19日，个人所得税法修正案草案提请十三届全国人大常委会第三次会议审议，这是个人所得税法自1980年出台以来第七次大修，具体包括：工资、薪金，劳务报酬，稿酬和特许权使用费等四项劳动性所得首次实行综合征税；个税起征点由每月3 500元提高至每月5 000元（每年6万元）；首次增加子女教育支出、继续教育支出、大病医疗支出、住房贷款利息和住房租金等专项附加扣除；优化调整税率结构，扩大较低档税率级距。

2018年8月29日上午,全国人大常委会分组审议了该草案。新个人所得税法拟于2019年1月1日起全面施行,拟自2018年10月1日至2018年12月31日,先将工资、薪金所得基本减除费用标准提高至5 000元/月,并适用新的综合所得税率。

2018年8月31日,关于修改个人所得税法的决定经十三届全国人大常委会第五次会议表决通过。

2018年10月1日,个人所得税起征点从每月3 500元调至每月5 000元。

1. 起征点确定为每月5 000元

新个人所得税法规定:居民个人的综合所得,以每一纳税年度的收入额减除费用6万元及专项扣除、专项附加扣除和依法确定的其他扣除后的余额,为应纳税所得额。

2. 减税向中低收入倾斜

新个人所得税法规定:个人所得税的部分税率级距进一步优化调整,扩大3%、10%、20%三档低税率的级距,缩小25%税率的级距,30%、35%、45%三档较高税率级距不变。

3. 多项支出可抵税

今后计算个人所得税时,在扣除基本减除费用标准和"三险一金"等专项扣除外,还增加了专项附加扣除项目。新个人所得税法规定:专项附加扣除包括子女教育、继续教育、大病医疗、住房贷款利息或者住房租金、赡养老人等支出,具体范围、标准和实施步骤由国务院确定,并报全国人大常委会备案。

2019年1月1日起新个人所得税法施行,个人所得税App专项扣除功能上线。

年度终了后,国家税务总局发布这一年度个人所得税综合所得年度汇算办税指引。纳税人申请退税是权利,可以放弃退税,无需承担任何责任。纳税人需要补税(符合规定的免予汇算的情形除外)、未依法办理综合所得年度汇算的,可能面临税务行政处罚,并记入个人纳税信用档案。需要补税的于次年6月30日前补缴税款,否则将面临每日5‰加收滞纳金。

任务实施

小王不仅是奶茶店的投资人,他还兼任另一家企业的职位。经过小王初步的测算,奶茶店一年下来可以分红20万元(税前),而他的本职工作所带来的收入为

30 000元/月。你能否帮小王计算他的不同收入中,综合所得总额是多少?分类所得是多少?假设在没有其他收入来源的情况下,计算小王全年的应纳税额和应纳税所得额。

 任务拓展

个人所得税征税对象

我国个人所得税的纳税义务人是在中国境内居住有所得的人,以及不在中国境内居住而从中国境内取得所得的个人,包括中国国内公民,在华取得所得的外籍人员和港、澳、台同胞。

概念一:居民纳税义务人

在中国境内有住所,或者无住所而在境内居住满一年的个人,是居民纳税义务人,应当承担无限纳税义务,即就其在中国境内和境外取得的所得,依法缴纳个人所得税。

概念二:非居民纳税义务人

在中国境内无住所又不居住或者无住所而在境内居住不满一年的个人,是非居民纳税义务人,承担有限纳税义务,仅就其从中国境内取得的所得,依法缴纳个人所得税。

境外人士获取中国境内所得征收个人所得税标准一览表,如表4-3所示。

表4-3 境外人士获取中国境内所得征收个人所得税标准一览表

中国境内居住时间	雇员职位	境内所得境内支付或负担	境内所得境外支付或负担	境外所得境内支付或负担	境外所得境外支付或负担
不超过90日或183日	一般雇员	征	不征	不征	不征
	高层管理人员	征	不征	不征	不征
超过90日或183日	一般雇员	征	征	不征	不征
	高层管理人员	征	征	不征	不征
满1年但不满5年	所有人	征	征	征	不征
超过5年	所有人	征	征	征	征
高层管理人员是指公司正、副(总)经理、各职能总师、总监及其他类似管理人员					

个人所得税一共分为三类,包括综合所得、经营所得、分类所得,具体分为以下九项。其中,综合所得一般由扣缴义务人代扣代缴,经营所得要按月或者按季度自行申报,分类所得一般按次申报。综合所得和经营所得在次年3~6月进行汇算清缴,而分类所得不用。

1. 工资、薪金所得

工资、薪金所得,是指个人因任职或受雇而取得的工资、薪金、奖金、年终加薪、劳动分红、津贴、补贴及与任职或受雇有关的其他所得。也就是说,个人取得的所得,只要是与任职、受雇有关,不管其单位的资金开支渠道或以现金、实物、有价证券等形式支付的,都是工资、薪金所得项目的课税对象。

2. 劳务报酬所得

劳务报酬所得,是指个人从事设计、装潢、安装、制图、化验、测试、医疗、法律、会计、咨询、讲学、新闻、广播、翻译、审稿、书画、雕刻、影视、录音、录像、演出、表演、广告、展览、技术服务、介绍服务、经济服务、代办服务及其他劳务取得的所得。

3. 稿酬所得

稿酬所得,是指个人因其作品以图书、报纸形式出版、发表而取得的所得。这里所说的"作品",是指包括中外文字、图片、乐谱等能以图书、报刊方式出版、发表的作品;"个人作品"包括本人的著作、翻译的作品等。个人取得遗作稿酬,应按稿酬所得项目计税。

4. 特许权使用费所得

特许权使用费所得,是指个人提供专利权、著作权、商标权、非专利技术及其他特许权的使用权取得的所得。提供著作权的使用权取得的所得,不包括稿酬所得。作者将自己文字作品手稿原件或复印件公开拍卖(竞价)取得的所得,应按特许权使用费所得项目计税。

5. 经营所得

个体工商户的生产、经营所得包括四个方面:

(1) 个人经工商行政管理部门批准开业并领取营业执照的城乡个体工商户,从事工业、手工业、建筑业、交通运输业、商业、饮食业、服务业、修理业及其他行业的生产、经营取得的所得。

(2) 个人经政府有关部门批准,取得营业执照,从事办学、医疗、咨询及其他有偿服务活动取得的所得。

（3）其他个人从事个体工商业生产、经营取得的所得，既个人临时从事生产、经营活动取得的所得。

（4）上述个体工商户和个人取得的生产、经营有关的各项应税所得。

6. 利息、股息、红利所得

利息、股息、红利所得，是指个人拥有债权、股权而取得的利息、股息、红利所得。利息是指个人的存款利息（国家宣布2008年10月8日次日开始取消利息税）、贷款利息和购买各种债券的利息。股息，也称股利，是指股票持有人根据股份制公司章程规定，凭股票定期从股份公司取得的投资利益。红利，也称公司（企业）分红，是指股份公司或企业根据应分配的利润按股份分配超过股息部分的利润。股份制企业以股票形式向股东个人支付股息、红利即派发红股，应以派发的股票面额为收入额计税。

7. 财产租赁所得

财产租赁所得，是指个人出租建筑物、土地使用权、机器设备车船及其他财产取得的所得。财产包括动产和不动产。

8. 财产转让所得

财产转让所得，是指个人转让有价证券、股权、建筑物、土地使用权、机器设备、车船及其他自有财产给他人或单位而取得的所得，包括转让不动产和动产而取得的所得。对个人股票买卖取得的所得暂不征税。

9. 偶然所得

偶然所得，是指个人取得的所得是非经常性的，属于各种机遇性所得，包括得奖、中奖、中彩及其他偶然性质的所得（含奖金、实物和有价证券）。个人购买社会福利有奖募捐奖券、中国体育彩票，一次中奖收入不超过10 000元的，免征个人所得税，超过10 000元的，应以全额按偶然所得项目计税（截至2011年4月21日的税率为20%）。

居民个人取得综合所得的，按纳税年度合并计算个人所得税；非居民个人取得综合所得的，按月或者按次分项计算个人所得税。纳税人取得经营所得、分类所得的，依照个人所得税法规定分别计算个人所得税。个人取得的所得，如果难以界定是哪一项应税所得项目，由主管税务机关审查确定。

任务三　认知企业所得税

任务目标

了解企业所得税的概念，熟悉企业所得税的具体内容，掌握税法的最新变化。

任务导入

小王为他的员工结算完工资后，可以根据资产负债表、利润表和现金流量表计算奶茶店一年能够赚多少钱。他翻看利润表，发现主营业务收入为36万元，主营业务成本和管理费用总和为24万元，没有其他的成本费用。请你帮小王算一算，奶茶店一年的税前利润是多少？这部分税前利润需要缴纳什么税？

任务准备

任务准备1：企业所得税的概念

企业所得税（corporate income tax）是对我国境内的企业和其他取得收入的组织的生产经营所得和其他所得征收的一种所得税。在中华人民共和国境内，企业和其他取得收入的组织（以下统称企业）为企业所得税的纳税人。企业所得税的纳税人包括各类企业、事业单位、社会团体、民办非企业单位和从事经营活动的其他组织。个人独资企业、合伙企业不属于企业所得税的纳税义务人。

任务准备2：如何确定不同公司主体纳税义务

企业所得税采取收入来源地管辖权和居民管辖权相结合的双管辖权，把企业分为居民企业和非居民企业,分别确定不同纳税义务。

（1）居民企业,是指依法在中国境内成立,或者依照外国(地区)法律成立但实际管理机构在中国境内的企业。

（2）非居民企业,是指依照外国(地区)法律成立且实际管理机构不在中国境内,但在中国境内设立机构、场所的,或者在中国境内未设立机构、场所,但有来源于中国境内所得的企业。

任务准备 3：企业所得税的计算

1. 确定收入总额

企业从各种来源取得的货币形式和非货币形式的收入,统称为收入总额,包括销售货物收入,提供劳务收入,转让财产收入,股息、红利等权益性投资收益,利息收入,租金收入,特许权使用费收入,接受捐赠收入,其他收入。企业需要根据税法规定,对收入进行确认和计量。

企业的免税收入包括：①国债利息收入；②符合条件的居民企业之间的股息、红利等权益性投资收益；③在中国境内设立机构、场所的非居民企业从居民企业取得与该机构、场所有实际联系的股息、红利等权益性投资收益；④符合条件的非营利组织的收入。

2. 计算允许扣除的成本、费用和损失

企业实际发生的与取得收入有关的合理支出,包括成本、费用、税金、损失和其他支出,准予在计算应纳税所得额时扣除。需要注意的是,并不是所有的支出都可以扣除,不得扣除的有：①向投资者支付的股息、红利等权益性投资收益款项；②企业所得税税款；③税收滞纳金；④罚金、罚款和被没收财物的损失等。

3. 应用税率计算企业所得税

我国企业所得税的税率为 25%。小型微利企业和高新技术企业有税收优惠政策。

企业所得税应纳税额计算公式如下：

应纳税所得额＝收入总额－不征税收入－免税收入－减免税收入
－允许扣除的成本、费用和损失

$$应纳税额＝应纳税所得额×适用税率－减免税额$$

举例：某企业2023年的财务情况如下：

收入总额：1 000万元。

不征税收入：50万元。

免税收入：100万元。

减免税收入：150万元。

允许扣除的成本、费用和损失：600万元。

适用税率：25%（一般企业所得税率）。

减免税额：10万元。

计算过程：

$$应纳税所得额＝收入总额－不征税收入－免税收入－减免税收入$$
$$－允许扣除的成本、费用和损失$$
$$＝1\ 000－50－100－150－600＝100(万元)$$

$$应纳税额＝应纳税所得额×适用税率－减免税额$$
$$＝100×25\%－10＝25－10＝15(万元)$$

总结：企业所得税的计算涉及多个步骤，企业需要准确确定收入总额，合理计算允许扣除的成本、费用和损失，并正确应用税率。了解企业所得税的计算，有助于企业合规纳税，避免不必要的税务风险。

任务实施

当下，国家推进"大众创业、万众创新"，给予了创业者非常多的税务优惠与税务减免政策。你了解相关政策吗？

根据《中华人民共和国企业所得税法》及其实施条例、《财政部 税务总局关于实施小微企业普惠性税收减免政策的通知》（财税〔2019〕13号）等规定：

自2023年1月1日至2024年12月31日，对小型微利企业年应纳税所得额不超过100万元的部分，减按25%计入应纳税所得额，按20%的税率缴纳企业所得税；对年应纳税所得额超过100万元但不超过300万元的部分，减按50%计入应纳税所得额,按20%的税率缴纳企业所得税。

国家需要重点扶持的高新技术企业,减按15%的税率征收企业所得税。

请你根据以上内容,帮助小王重新计算应纳税额(税率适用25%)。

任务拓展

企业所得税征税对象及税率

居民企业应当就其来源于中国境内、境外的所得缴纳企业所得税。

非居民企业在中国境内设立机构、场所的,应当就其所设机构、场所取得的来源于中国境内的所得,以及发生在中国境外但与其所设机构、场所有实际联系的所得,缴纳企业所得税。非居民企业在中国境内未设立机构、场所的,或者虽设立机构、场所但取得的所得与其所设机构、场所没有实际联系的,应当就其来源于中国境内的所得缴纳企业所得税。

来源于中国境内、境外的所得的确定原则:企业以货币形式和非货币形式从各种来源取得的收入,为收入总额。收入具体包括:

(1) 销售货物收入。

(2) 提供劳务收入。

(3) 转让财产收入。

(4) 股息、红利等权益性投资收益。

(5) 利息收入。

(6) 租金收入。

(7) 特许权使用费收入。

(8) 接受捐赠收入。

(9) 其他收入。

企业所得税的税率即据以计算企业所得税应纳税额的法定比率。根据《中华人民共和国企业所得税法》的规定:一般企业所得税的税率为25%;非居民企业的税率为20%。

项目五　电子商务基础

项目背景

　　小王的奶茶店经营一段时间后,线下客流出现一定程度的减少,营业额下滑。小王心急如焚,在仔细观察其他奶茶店后他发现,其他商家每天的外卖订单数量不少,尤其是在天气不太好的时候。在与同行学习和交流中,他发现如今线下实体店和线上电商之间的关系越来越密切,奶茶店的饮品属于快消产品且具有长期需求,如果能拓展线上渠道,通过上架电子商务平台(如饿了么、美团等)或者制作店铺微信小程序,满足消费者送货上门的需求,有助于奶茶店现阶段的发展。

　　电子商务的出现和蓬勃发展改变了消费者的消费方式和商家的销售方式。消费者可以在网上选购自己心仪的商品,大大节省了在实体店排队的时间。作为商家,要学会拥抱电子商务,充分发挥电子商务的积极作用。

小王的困惑

1. 如何制作微信小程序用于推广运营?
2. 能否通过电商平台来推广周边产品,增加奶茶店的额外利润,加强展示效应?
3. 如何更高效地拓展客户?

任务一　认知电子商务

任务目标

了解电子商务的概念与生活中常见的电子商务行为,熟悉电子商务与传统零售的区别。

任务导入

小王发现在如今的互联网时代,电子商务的发展改变了许多传统零售的逻辑,要想在最短的时间内把奶茶店推广出去,让更多的消费者知晓,需要通过互联网平台进行宣传,以获得较高的曝光度及高分好评,吸引更多消费者。若客户有意下单,则可以根据地址到店消费或者选择外卖平台服务送货上门。

于是小王制作了店铺的微信小程序,设置了多人拼团、会员充值、卡券核销、电子会员卡、自助点单、提前在线预约、优惠券免单功能等功能模块。在推销爆款饮品时,以多人拼团、砍价,九宫格抽奖活动来进行营销,同时生成推广海报,客户可将小程序和推广海报分享给朋友或发布到朋友圈,加深奶茶店的品牌形象;设置消费达到一定金额就可以赠送或储存会员积分兑换礼品,实现全面数字化运营,将会员信息纳入店铺中。

在日常生活中,你都能看到哪些电子商务的营销推广行为?

任务准备

任务准备1：电子商务的概念

1. 广义的电子商务

广义的电子商务是通过电子手段进行的商业事务活动。通过使用互联网等电子工具，使公司内部、供应商、客户和合作伙伴之间，利用电子业务共享信息，实现企业间业务流程的电子化，配合企业内部的电子化生产管理系统，提高企业的生产、库存、流通和资金等各个环节的效率。

2. 狭义的电子商务

狭义的电子商务是指借助计算机技术和网络通信技术，实现商业活动（包括商品和服务的购买、销售、交换等）的电子化、数字化和网络化，即电子商务是现代信息技术和商务两个子集的交集，如图5-1所示。它涵盖了从供应链管理、生产、库存管理、销售、市场营销、客户服务到在线支付等一系列商业流程。

图5-1　电子商务与现代信息技术、商务的关系

任务准备2：电子商务与传统零售的区别

电子商务的出现，对传统零售产生了巨大影响，两者存在明显差异。

1. 无地域制约，实现全网覆盖

传统零售通常是指实体店铺的销售模式，受地域限制，辐射客群地理范围有限，且经营环境较为复杂，单店与连锁店经营差别大，多店经营对流程化要求高，更注重对成本的把控。电子商务通过互联网平台进行商品销售和交易，不受地域制约，也不易受品类限制，这些特点决定了电子商务能实现全网覆盖营销及无边际用户拓展。线上爆款策略叠加电子商务的规模效应优势，能在3～5年内实现线下品牌十几年才

能达到的品牌影响力。

2. 重塑流通环节,缩短商家与消费者距离

传统零售产销关系为:供应商—生产商—分销商—零售商—客户,存在流通环节多、交易效率低、成本高等局限。电子商务压缩了传统零售中的层层代理环节,商家可以直接面向终端消费者,对接消费者的商品需求,平台商家或者自营电商可以进行集中式的规模采购和规模化的仓储物流,压缩供应链成本和物流成本,形成规模优势。

3. 积累大量数据,形成双边"护城河"

电子商务平台最大优势在于其沉淀的海量数据。平台通过数据积累及运算为所有进驻商家提供商品进销存货准确的信息,从而有效提升商品周转速度,减少储存和配送成本;而通过大数据分析,也让商家能更准确地把握消费者需求,提高营销效率,增加销量。

任务实施

1. 网络购物

通过网络电子商务平台进行商品或服务的购买和销售,是生活中最常见的电子商务。比如,我们经常会使用淘宝、京东、拼多多等电子商务平台进行购物,卖家也可以在该类电子商务平台注册后进行货品或服务的销售。移动电子商务平台,如图5-2所示。

图5-2 移动电子商务平台

2. 在线旅游

在线旅游是指旅游消费者通过网络向旅游服务提供商预定旅游产品或服务,消费者可以通过相应平台订购火车票、机票、酒店、旅游景点门票及交通意外险等一系列的产品和服务,将整个旅程安排妥当。携程、同程、艺龙等是在线旅游平台的典型代表,如图5-3所示。

图5-3 在线旅游平台

3. 本地服务

我们常常会使用大众点评搜索评分较高的餐厅、好玩的剧本杀店、网红的咖啡馆,让我们的闲暇生活更加多姿多彩。同样,我们也常常会使用美团、饿了么这样的外卖平台,如图5-4所示。本地服务型电子商务平台已成为我们生活中不可或缺的一部分。

图5-4 外卖平台

4. 移动支付

移动支付是指消费者、商家和金融机构之间使用安全电子手段把支付信息通过信息网络安全地传送到银行或相应的处理机构,用来实现货币支付或资金流转的行为。

我们使用支付宝、微信支付、银联云闪付等方式付款即属于移动支付范畴,如图 5-5 所示。

图 5-5　移动支付

5. 股票交易

20 世纪 90 年代买卖股票还需要到证券交易所现场填单或电话下单,而现在只需一部手机或一台电脑即可快速下单,股票交易的电子化是金融领域较早的电子商务行为,如图 5-6 所示。

图 5-6　股票交易电子化

6. 电子政务

电子政务是政府在其管理和服务职能中运用现代信息技术和通信技术，实现政府组织结构和工作流程的重组优化，超越时间、空间和部门分隔的制约，全方位地向社会提供优质、规范、透明的服务，是政府管理手段的变革，大大提高工作效率，更好地服务市民。市民可以通过电子政务 App 实现足不出户完成操作，如图 5-7 所示。

图 5-7　某地政府电子政务 App 页面

任务拓展

中国电子商务的发展趋势

中国电子商务经过二十多年的发展，市场呈现出多足鼎立的局面，以淘宝、京东、拼多多为首的三大电子商务平台占据市场大部分份额。其中，淘宝作为国内电商市

场的最早的平台之一,拥有庞大的用户群体和丰富的商品资源,以综合电商为主要发展方向。京东则以自营模式著称,注重品质和服务,针对中高端用户群体。拼多多则主打社交电商,通过与厂商合作,以低价、团购等方式吸引消费者,主要面向下沉市场。苏宁易购、唯品会等电子商务平台也在积极抢占市场份额。以抖音、快手、小红书为代表的内容电商、社交电商把内容场景与货架场景互联互通,迅速崛起。未来电子商务行业的发展趋势如下。

1. 寡头垄断局面弱化,垂直领域呈新趋势

从近年国内电子商务行业投融资情况分析,可以发现资本对于细分赛道的倾向及未来电子商务的发展趋势,品质电子商务及垂直细分领域将为其他电子商务平台突围发展提供机会。

2. 社交电商——以物聚人向以人聚人转变

传统电子商务平台是先有消费需求,然后消费者在电子商务平台上寻找想要购买的商品;而社交电商则是从社交入手,通过优质内容分享引导交易。

3. 直播电商进入全民时代,竞争激烈

直播电商是一种新型的电子商务形式,它利用直播作为主要渠道来进行营销,为用户提供更加丰富、直观、实时的购物体验,具有高度互动性、专业性和高转化率等优势,是数字化时代下电子商务的新产物。目前,中国的直播电商产业市场正处于高速增长阶段。

4. 农村电商下沉空间较大,头部企业纷纷布局

以往农用物资到达农民手中,要经过县级经销商、农村零售商等层层经销商,中间流通环节多,经过层层加价后,农民获得农用物资成本较高,且质量难以保证。在农产品流通领域,过去农民要销售生产的农产品,也要经过层层经销商,经销商会对农产品进行压价,农产品价格也不透明。现在,京东、拼多多等头部企业开始布局农村电商领域,农村电商可以为农民提供直接的销售渠道,有助于农民以更高的价格销售农产品。同时,农村电商覆盖的地域更广,能够提升农产品的流通率。

5. 线上线下融合发展,开启新零售时代

新零售的本质是企业以互联网为依托,运用大数据、人工智能等先进技术手段,对商品的生产、流通与销售过程进行升级改造,进而重塑业态结构与生态圈,并对线

上服务、线下体验及现代物流进行深度融合的零售新模式。

6. 品质电商发展较早,竞争加剧

品质电商顾名思义是指"严选、精选",即同类产品先行甄别、严选供应商,让消费者挑选范围更集中也更放心,这是"消费升级"环境下产生的必然趋势。

任务二　认知电子商务平台

任务目标

了解电子商务平台的分类、电子商务平台的发展历程。

任务导入

电子商务平台细分种类众多,除常见的模式外,近几年社交电商、直播电商等新兴电子商务模式也纷纷涌现,且发展迅速。

请在了解电子商务平台分类后,上网查找头部电子商务平台的相关资料。

任务准备

任务准备1:电子商务平台的分类

1. 企业与消费者之间的电子商务

企业与消费者之间的电子商务即 B2C(Business to Customer)电子商务模式。它类似于联机服务中进行的商品买卖,是利用计算机网络使消费者直接参与经济活动的高级形式。这种形式基本等同于电子化的零售,是随着万维网的出现迅速发展起来的。企业通过互联网为消费者提供一个新型的购物环境——网上商城,消费者通过网络在网上购物,网上完成支付。

代表企业:天猫、京东、去哪儿。

2. 企业与企业之间的电子商务

企业与企业间的电子商务即 B2B(Business to Business)电子商务模式,是指采购

商与供应商通过互联网进行谈判、订货、签约、付款及索赔处理、商品发送和运输跟踪等全系列活动。企业间的电子商务包括供应商管理、库存管理、销售管理、交易文档管理及支付管理等功能。

代表企业：阿里巴巴、生意宝、医药网、环球资源。

3. 企业与政府之间的电子商务

企业与政府之间的电子商务即B2G(Business to Government)电子商务模式，覆盖企业与政府组织间的各项事务。比如，政府采购清单可以通过互联网发布，企业以电子化方式回应；同样，在公司税收的征收上，政府也可以通过电子交换方式来完成。

代表企业：中国政府采购网。

4. 消费者与消费者的电子商务

消费者与消费者的电子商务即C2C(Consumer to Consumer)电子商务模式，是指消费者作为卖方，通过互联网平台提供商品或服务给另一个消费者。

代表企业：淘宝、京东、拼多多。

5. 线上与线下相结合的电子商务

线上与线下相结合的电子商务即O2O(Online to Offline)电子商务模式，将线下商务与互联网结合在一起，让互联网成为线下交易的前台。这样线下服务就可以借助线上平台来吸引客户，消费者可以在线上平台筛选服务、在线结算。该模式最重要的特点是：推广效果可查，每笔交易可跟踪。

代表企业：美团、饿了么。

6. 社交电商

社交电商是指通过社交网络平台或电商平台的社交功能，将关注、分享、讨论、沟通、互动等社交元素应用到电子商务的购买服务中，以更好地完成交易的过程。对于消费者来说，体现在购买前的店铺选择、商品比较，购买过程中与电商企业间的交流与互动，以及在购买商品后的消费评价及购物分享等。社交电商起到导购的作用，并在用户之间、用户与企业之间产生了互动和分享。对于企业来说，可以增加用户黏性，让用户获得参与感。对于品牌商来说，社交电商通过社交化工具的应用及与社交化媒体、网络的合作，完成了品牌销售、推广和商品的最终销售。社交电商的本质在于依托社交链条的裂变式效应扩大用户规模和转化机会。

代表企业：抖音、快手、小红书。

7. 直播电商

直播电商是指直播者通过直播平台或直播软件来推销相关产品,使受众了解产品各项性能,从而购买商品的交易行为。

代表企业:淘宝、抖音、快手。

8. 新零售

新零售的本质是企业以互联网为依托,运用大数据、人工智能等先进技术手段,对商品的生产、流通与销售过程进行升级改造,进而重塑业态结构与生态圈,并对线上服务、线下体验及现代物流进行深度融合的零售新模式。与传统零售比,新零售优势明显,两者的对比,如图5-8所示。

代表企业:盒马、便利蜂、猩便利。

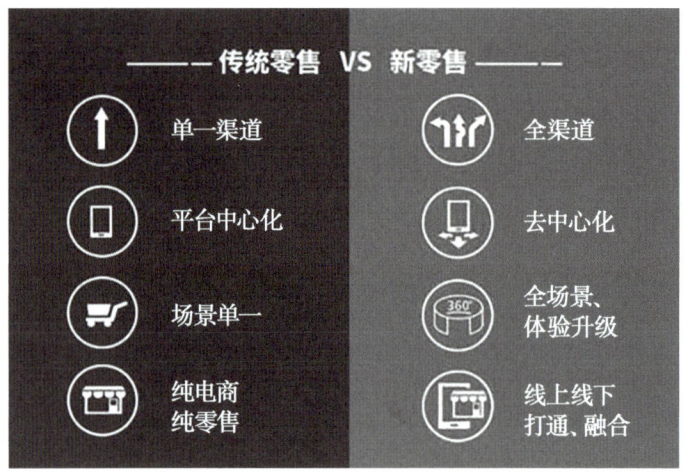

图5-8 新零售与传统零售对比

任务准备2:中国电子商务平台的发展历程

1. 萌芽期(1997—1999年)

在萌芽期,我国电子商务平台的信息化水平比较低,网购人群人数较少,大众也缺乏对电子商务的了解,国内电子商务网站处于探索萌芽状态。该阶段电子商务主要是以协助中、小企业进行B2B外贸交易为主,C端的需求都尚未成型,在此期间成立的电子商务平台有中国化工网站、8848、阿里巴巴、易趣网等。

2. 基础建设期(2000—2007年)

2000—2002年：受到互联网泡沫的影响，电子商务行业格局经历了一系列变动。在此期间，有超过1/3的网站销声匿迹，卓越网、电子商务协会等一系列平台成立，eBay收购易趣，更名为eBay易趣。

2003—2005年：在国内经历了非典疫情之后，一大批网民开始接受网购，这使得C2C模式得到了迅速的发展。这期间，阿里巴巴成立了淘宝，并在淘宝内推出了阿里旺旺和支付宝；腾讯成立了拍拍网，加上先前的eBay易趣，形成了C2C三足鼎立的格局。2004年，京东率先开展了电子商务自营。这段时期内，我国网民数量仍然不多，用户在使用电子商务平台消费时的顾虑依然很大，物流等配送设施不够健全，且网站上常常是假货盛行，消费者在此阶段也没有品牌意识。

2006—2007年：国家在此期间给予了电子商务平台政策的支持，使得诚信问题得以有了基本的解决，物流支付等一系列基础设施也进一步进行了完善，网购3C产品［计算机（computer）、通信（communication）和消费电子产品（consumer electronics）三类电子产品的简称］的比重快速增加。在此期间，京东发展自营物流，形成了市场影响力。

3. 快速发展期(2008—2015年)

2008—2009年：中国特色的网络交易方式已成型，电子商务平台竞争日趋白热化。2009年3G网络正式开始商用，同年网购用户破亿。B2C平台天猫开始上线，品牌日益形成；服装、鞋包、家居等非标类目消费占比逐渐加大。唯品会上线，当当网实现盈利，双十一大促开启双十一元年，中粮、苏宁等开始进入电子商务领域，京东也从3C发展至全品类。

2010—2012年：大量传统行业的产品及资金流入电子商务平台，线下企业纷纷开始布局电子商务，这期间网民数量和电子商务移动化的发展，使得物流快递行业呈现爆发式的增长。阿里巴巴在这期间及时推出了手机淘宝和聚划算，开始建立淘宝物流；支付宝于这一时期获得支付牌照；唯品会与当当网在美国上市，电子商务监督首度在我国立法。

2013—2015年：随着移动互联网4G网络技术的发展和智能手机的普及，移动电商进入了风口期。2014年阿里巴巴在美国上市，国内电子商务企业紧随其后纷纷开启了上市潮。2015年，移动交易规模首次超过了PC端。阿里巴巴推出菜鸟物流，上线了天猫国际;亚马逊推出了直邮中国的业务;唯品国际、网易考拉、京东海外购等跨境电商品牌相继面世。

4. 电子商务成熟规范时期(2016年至今)

这一时期,电子商务平台流量格局已基本确定,线上的红利也在逐渐消失,垂直细分领域继续深耕。2016年移动购物市场的增速首次下降到了100%以下,这说明电子商务的MAU(月活跃用户数量)增量遇到了瓶颈。2016年阿里巴巴推出新零售的概念,开始向线下进军。目前,行业巨头已经产生,运营模式相对成形,各家电子商务企业除了要不断扩充品类、优化物流、完善售后服务之外,也在积极尝试拓展跨境网购、发展农村电商和垂直电商。长尾企业数量众多,在细分市场的竞争异常激烈。

2020年开始,网购趋势更为明显,电子商务格局重塑。直播电商、社群电商、社交电商等新模式创造了电子商务新增长点,2023年直播电商市场规模已超过4万亿元,市场发展也更趋规范。

任务实施

1. 淘宝网

淘宝网成立于2003年,是中国深受欢迎的网购零售平台,目前拥有近5亿的注册用户数,每天有超过6 000万的固定访客,同时每天的在线商品数已经超过了8亿件,平均每分钟售出4.8万件商品。2023年的双十一购物节,淘宝、天猫销售额分别达到了2 135亿元和1 878亿元。随着淘宝网规模的扩大和用户数量的增加,淘宝也从单一的C2C网络集市转变为包括C2C、团购、分销、拍卖等多种电子商务模式在内的综合性零售商圈。目前,淘宝已经成为世界范围的电子商务交易平台之一。

2. 京东

京东成立于2004年,是中国的综合网络零售商,是中国电子商务领域最受消费者欢迎和最具有影响力的电子商务网站之一,在线销售家电、数码通信、电脑、家居百货、服装服饰、母婴、图书、食品、在线旅游等12大类数万个品牌百万种优质商品。2023年,京东营业收入10 847亿元,入选2023年《财富》中国500强榜单第七名;在中国网络零售B2C市场的市场份额为24.8%,排名第二。同时,京东已经建立北京、上海、广州、成都、沈阳、武汉、西安和郑州八大物流中心,在全国超过360座城市建立了核心城市配送站。

3. 拼多多

拼多多是国内移动互联网的主流电子商务应用产品,是专注于C2M拼团购物的第三方社交电商平台,成立于2015年9月,用户可以通过发起和朋友、家人、邻居等的拼团,以更低的价格,拼团购买优质商品。通过沟通分享形成的社交理念成为拼多多独特的新社交电商思维。

4. 抖音小店

抖音小店是抖音电商为商家提供的带货工具,是提供线上电商店铺解决方案、帮助商家拓宽内容变现渠道、提升流量的价值的一站式商家生意经营平台。粉丝可以在抖音、抖音火山版内进行内容获取,下单用户可以直接转化成为品牌方账号粉丝,形成完整的流量转化。

抖音小店中商品带货形式丰富多样,可通过个人主页、长短视频、直播、微头条、文章等多种方式进行商品展示。

任务拓展

社交电商平台分析

社交电商是电子商务的一种衍生模式。借助社交媒介(如微博、微信等)的传播,通过社交互动、用户自生内容等手段来辅助商品购买。按照平台自身所拥有的基因调性,可以将社交平台区分为三类:电商基因类、短视频基因类、内容基因类。

1. 电商基因类

淘宝直播:2022年淘宝直播交易额7 700亿元。从性别结构上看,越来越多的男性开始在直播间边看边购物,淘宝直播男性消费者比例超过40%;从城市线级上看,淘宝直播主要用户群体,既有"十八线"小镇青年,也有二三线职场精英,一线城市中北上广深人数最多;从年龄分布上看,淘宝直播用户群体集中在80后、90后,其次是70后,00后占据相当比重。女装仍是淘宝直播消费者最爱买的商品;男性用户更偏好3C数码、大家电、家装、汽车、运动户外等类目。

拼多多:拼多多用户男性占比不大,在此平台上购物的欲望也低于女性。拼多多销量百万以上的爆款类型以日用百货、小吃零食、服饰鞋帽为主,这些商品的特点是单价低。

2. 短视频基因类

抖音:抖音整体人群画像,男女较均衡,19~30岁的用户TGI(目标群体指数)高,新一线、三线及以下的城市用户TGI高。在抖音用户偏好的视频类型中,演绎、生活、美食类视频播放量较高,情感、文化、影视类视频播放量增长较快。男性用户对军事、游戏、汽车偏好度较高;女性用户对美妆、母婴、穿搭偏好度高。

快手:快手以24岁以下年轻女性用户为主。在城际分布上,快手在四线及以下城市渗透率高于抖音,抖音在一、二线城市渗透率高过快手。快手用户在"关注页"的投入要高于抖音,用户关系链效应更强。

3. 内容基因类

小红书:小红书是一款以用户创造内容(user generated content,UGC)模式为定义的手机端App,满足用户在手机端使用产品时的基本功能,包括用户浏览其他用户的笔记、用户收藏其他用户的笔记、用户发布自己的笔记、在线购物等,用户可以通过小红书发现好物,分享自己的使用心得。极高的用户黏性和活跃的社区是小红书变现的有力支撑。公开资料显示,小红书于2013年10月首次在市场上推出第一款产品——小红书出境购物攻略App,在苹果应用商店上线三个月后,其下载量达数十万次。目前,小红书共有6轮融资,最新一轮为2021年的11月8日,估值超过200亿美元(约合人民币1267亿元),由淡马锡和腾讯领投,阿里、天图投资、元生资本等老股东跟投。

小红书CEO透露,一线城市用户仍是小红书的主流用户,占50%。而在特征上,小红薯(小红书用户)年龄主要分布在18~30岁,以学生、白领居多,其中女性占比约70%~80%。小红书的定位和发展阶段不断变化,从一开始的境外好物分享,到小红书建立自营保税仓、海外仓库,再到"好东西"变成"好生活",社区内容从物品到生活方式的转变,使它能够为更多人提供消费决策,其社交属性促进用户成为创作者,在平台生产内容。

从上面这些案例分析可以看出来,目前电子商务平台更多的是走垂直化个性化特卖路线。一些商城系统,会支持个性化的一些操作,如移动云商城就是一款独立部署的全渠道零售商城系统,它能够支持源码购买及二次开发,企业可以根据自己的需求对商城做一些个性化的定制,使商城更加符合企业的发展需求,也更有利于企业的业务开展。

任务三 认知电子商务的流程

任务目标

了解电子商务的主要流程,尝试制定电子商务平台业务实施计划。

任务导入

小王在对电子商务及电子商务平台的分类、模式有一定了解后,迫切想要进一步了解电子商务业务操作的主要流程,掌握实际开展业务的相关能力。

请在学习本任务后,帮助小王的奶茶店制定一份制作和运营微信小程序的工作计划书。

任务准备

任务准备1:电子商务涉及的主要流程

电子商务涉及的主要流程,如表5-1、表5-2所示。

表5-1 电子商务业务开展过程中涉及的主要流程

业务流程	主要内容	备型功能
调研并完成选品	买方针对特定的商品和市场进行市场调研: 1. 通过调查表或其他引流工具,了解买方需求,收集特定用户群信息 2. 卖方根据潜在销售规模寻找适合自己商品的交易机会	市场调研 广告宣传 信息采集与分析

(续表)

业务流程	主要内容	典型功能
寻找合适的电子商务平台	卖方需根据自身拟提供的服务或出售商品的特点，选择合适的电子商务平台，以使自己的商品能够更高效接触目标人群	淘宝：中青年网购群体 拼多多：消费降级群体与社交需求型网购群体 饿了么：即时交易性消费群体
产品上架	卖方需根据具体电子商务平台的规则和要求，上架并陈列相关商品，既要满足产品展示的要求，也要满足对应购买群体日常浏览与消费的习惯	示例： 电商商品发布规则及上传 一：商品信息发布规范 1.商品标题规范 中文品牌(英文品牌)+商品名称/型号(系列)+基本属性(材质、类型、用途、颜色、够号)+非必填项 品牌名称必须配置其余商品标题，避免顺序被懂识问题。 2.商品图标题 英文品牌+商品名称+商品关键词。 3.商品标题不得设置关键词或出现无关键词。 4.商品标题和描述中不得有不科学的表示功效的即宣或商业广告，不得有与同类产品的功效、性能进行比较的商业或商业用语。 5.当更多特意商品标题名称中问增加添加 年份+季节+新款末未季+新款，比照或适应当理品牌名称后面，其他商品描述要求不实。
产品营销	酒香也怕巷子深，如今互联网信息众多，好产品也需要进行推广，增加曝光率，提升销售额	示例： 广告营销/低价、打折促销 体验营销/直播带货
组织配送	买方下订单后，卖方应立即启动组织配送流程，将商品交付运递部门投送，或直接通过电子化方式传送信息产品或提供服务	物流配送 交易活动管理 信息更新(库存更新) 商品传递及查询服务
支付结算	通过金融机构完成支付过程	网上支付与金融服务
售后服务	当交易双方完成各种交易手续之后，向用户提供方便、实时、优质的售后服务等	在线技术支持 意见征询 退换货等

表5-2 电子商务交易过程中涉及的主要流程

交易过程	主要内容	典型功能
调研	买卖双方针对特定的商品和市场进行市场调研：卖方发布产品信息，收集特定用户群信息；买方寻找适合自己商品的交易机会。买卖双方通过网络交换信息：比较价格和交易条件等	市场调研；网上广告宣传服务；网上咨询服务
谈判和签订合同	双方交易，谈判并签订合同	网上交易洽谈服务；网上商品订购服务

(续表)

交易过程	主要内容	典型功能
组织配送	执行合同的交货过程,如商品交付运递部门投送,或直接通过电子化方式传送信息产品或提供服务。本过程涉及面很广,如与商检、运输部门、海关等进行电子单证的交换	物流配送服务;交易活动管理服务;网上信息商品传递及查询服务
支付结算	通过金融机构完成支付过程	网上支付与金融服务
售后服务	当交易双方完成各种交易手续之后,向用户提供方便、实时、优质的售后服务等	在线技术支持;意见征询

从表5-1、表5-2可以看出,电子商务包括网上交易和管理的全过程服务,涉及交易活动管理、市场调研、广告宣传与信息发布、咨询洽谈、网上购物、网上支付、网上金融服务、服务传递、在线服务支持等许多领域。

1. 交易活动管理

电子商务是一种基于信息技术的商业过程。在这一过程中,企业内外的大量业务被重组而得以有效运作——对外加强了与合作伙伴之间的联系,对内则提高了业务管理的集成化和自动化水平,在业务活动的运作上真正做到了快速、高效和方便。

电子商务也为企业提供了直接面向终端消费者的机会,拉近了商家与消费者之间的距离,减少了中间环节,从根本上改变了企业传统的封闭式生产经营模式,使产品的开发和生产可根据客户需求及时、动态地调整,甚至可以提供满足消费者个性化要求的服务。

2. 市场调研

互联网为企业开展网上市场调研提供了便利,营销人员能够方便快捷地使用互联网工具收集顾客和潜在顾客的相关信息。这些信息有助于企业更好地理解和服务客户,如通过电子邮件和来客登记簿获得有关访问者的详细信息,以网上设计问卷的方式来反馈顾客对某议题、服务或者产品的意见或倾向等。

3. 广告宣传与信息发布

在电子商务中,信息发布的实时性和便捷性是传统媒体无法实现的。新型的在线发布手段使得信息查询非常方便和实用,网络营销、用户在线查询和浏览、网络会议等具体发布形式更是令人眼花缭乱、目不暇接。

电子商务可通过Web服务器和Internet浏览器在互联网上发布各类商业信息。

客户可借助网上的搜索工具迅速地找到所需商品信息,而商家可利用网上主页和电子邮件(E-mail)在全球范围内宣传。与以往的各类广告相比,网上广告成本最为低廉,而能够为顾客提供的信息量却更为丰富。

4. 咨询洽谈

电子商务允许用户借助非实时的电子邮件、新闻组和实时的讨论组来了解市场和商品信息,洽谈交易事务,能超越人们无法面对面洽谈的限制,提供方便的异地交谈。

5. 网上购物

对个人而言,电子商务最为直观和方便的功能就是网上购物。对那些厌烦走进商场的人来说,网上购物意味着无需看到成千上万、熙熙攘攘的人群便能够买到所需要的商品;对于那些喜欢逛商场的人来说,网上购物可以让他们坐在家中悠然自得地尽情挑选各式各样的商品。

电子商务可借助电子邮件交互传送,实现网上的订购业务。网上的订购通常都是通过在产品介绍中提供的丰富的订购信息提示进行的。当客户填写订购单后,系统通常会回复确认信息单,以保证订购信息的收悉。订购信息也可采用加密的方式,使客户和商家的商业信息不被泄露。

6. 网上支付

交易离不开支付。电子商务要成为一个完整的过程,网上支付是重要环节。第三方支付、数字货币、数字支票、信用卡系统等综合的网上支付手段,与传统的货币结算手段相比更具便捷性。

支付在交易中的重要性不言而喻,如果不解决电子支付过程中存在的一系列问题,不仅将会给个人、企业和国家带来无法弥补的损失,更有可能导致严重的经济问题、金融问题。网上支付需要可靠的信息传输安全性控制,以防止诈骗、窃听、冒用等非法行为,这需要金融机构的支持,即银行、信用卡公司及保险公司等金融机构要提供网上操作服务,并配以必要的技术措施,如数字凭证、数字签名、加密手段的应用,以保证电子交易过程的安全性。

7. 网上金融服务

电子商务的发展为金融服务业提供了新的服务领域和服务方式,而金融服务的内容也将适应电子商务的要求提供相应的业务支持。

电子商务的兴起将金融服务业推向信息化的最前沿，金融业务在内容上迅速扩大范围，在手段上也正面临新的变革。网上金融服务包括了人们需要的各种内容，如网上消费、家庭银行、个人理财、网上投资交易、网上保险等。这些金融服务的特点是通过电子货币进行及时的电子支付与结算。

8. 服务传递

对于已经签订合同的顾客，应将其订购的货物准时送到他们手中。对于有形商品，物流配送部门或公司能起到传递服务的作用；而对于无形商品，如软件、电子图书、信息服务、音乐等，则可以直接通过互联网来进行传递。

9. 在线服务支持

企业可以借助 E-mail、常见问题解答（frequently-asked questions，FAQ）、网络论坛（bulletin board system，BBS）等为顾客提供更加完善的服务，包括提供有关产品和服务的信息、在线解答顾客在产品使用中遇到的各种问题、提供产品订购和运送过程的有关信息等。目前，中国电子商务产业领域和范围非常广泛，产业链图谱，如图 5-9 所示。

图 5-9 中国电子商务产业链图谱

任务实施 1

目前，微信的使用在中国已经非常普及，聊天、工作、刷朋友圈、查阅微信公众号是很多人每天的习惯。这也创造了一个新的营销、推广、宣传渠道——利用微信公众号作为企业品牌宣传平台。当下,大多数企业都有公众号,不少还开发了自己的小程序,但收效却各有不同。因此,在当前环境下如何经营微信公众平台成为企业需要关注的问题。

1. 品牌定位清晰

作为品牌营销型微信公众号,一定要确定自身定位及核心价值,确定能够为关注者提供完善、有深度的相关资讯和服务,才有利于提高微信用户黏性。

2. 发布内容精简

移动互联网时代,几乎没有人会花很长时间去阅读篇幅比较长的内容,因而大家使用微信发布内容时,内容要精炼和简洁,避免内容冗长而令读者不想看下去,影响用户体验。

3. 展示品牌特色

标题是决定浏览者是否打开并阅读一篇文章的重要因素;而使用是否方便,互动性如何等,则是决定小程序是否被点开的关键。因而企业在进行微信平台推广时,需要吸引关注者眼球,从界面配色、板块设计、标题、内容等方面全方位考虑,展示品牌特色。

4. 借鉴同行经验

俗话说知己知彼,百战不殆,在资讯发达的今天,我们也要关注竞争对手的信息。通过关注竞争对手的微信公众号,学习竞争对手的优势,研究在微信营销这方面做得好的竞争对手,有竞争才有进步!

任务实施 2

企业如何创建微信公众号?现如今微信公众号已经成为企业进行品牌推广的必备方式,通过微信将品牌推广给众多微信用户,可以很好地提高品牌的知名度,降低宣传成本,为企业打造具有影响力的品牌形象。那么企业应如何创建微信公众号呢?

1. 创建流程

(1)在浏览器中搜索"微信公众平台",进入页面后点击"立即注册",进入注册流程,如图 5-10 所示。

图 5-10　微信公众平台

(2) 填写创建微信公众号的邮箱以收取验证码;填写微信公众号密码,注意微信公众号密码要包含字母和数字且 8 位以上。此处填写的邮箱和密码就是登录微信公众号的邮箱和密码,如图 5-11 所示。

图 5-11　微信公众号注册界面

(3) 选择创建的微信公众号类型,企业主要是选择订阅号和服务号两种,如图 5-12 所示。

图 5-12 微信公众号类型

(4) 进行主体信息的填写,主体信息主要有:政府、媒体、企业、其他主体和个人五种。根据选择的类型进行主体信息的填写,如图 5-13、图 5-14 所示。

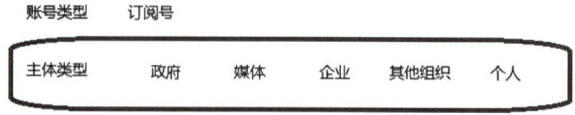

图 5-13 微信公众号主体信息填写界面(1)

图 5-14 微信公众号主体信息填写界面(2)

(5) 输入微信公众号的基础信息:账号名称和功能介绍。填写完成后微信公众号就创建成功了。

2. 如何搜索微信公众号

创建成功之后如何查找你创建的微信公众号呢?主要有以下几种方式:

(1) 通过微信公众号二维码进行搜索。二维码可以在微信公众号后台进行设置:"公众号设置"—"下载二维码",就可以获得微信公众号的二维码了。

(2) 分享微信公众号名片,进入微信公众号的详情页,点击"菜单"—"分享给好友"即可。

(3) 进行微信搜索。用户在微信搜一搜中搜索微信公众号的名称即可搜索到创建好的微信公众号。

微信公众号最好在电脑端进行申请,手机端不方便进行操作。

结合本项目内容,为小王的奶茶店制定一份制作和运营微信公众号的工作计划书。

任务拓展

大数据:为电商打造"最强大脑"

大数据平台是整个零售生态的大脑,是服务决策的关键所在。大数据又称巨量资料,其核心在于通过"加工"数据实现数据的"增值"。

大数据应用涵盖销售分析、库存分析、消费者行为分析、精准营销等内容,可有效提高零售企业运营活动的效率,如利用客流量、点击量等数据,研究消费习惯,达到精准营销的目的,再加上物联网的应用,实现对"人""货""场"三者关系的重构,如图 5-15 所示。

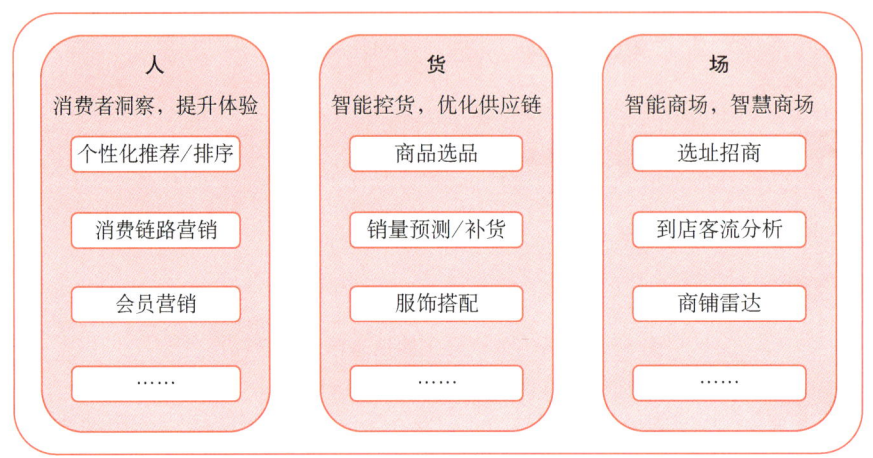

图 5-15 大数据改变"人""货""场"

百度云下的零售行业解决方案,如图 5-16 所示。百度云基于百度大数据优势,从商场等线下场所出发,进行客流统计、客群画像、来源地分析等,融合线上、线下,全方位挖掘用户线上、线下行为,精准定义目标客群特征、品牌偏好、地域分布,提供客群洞察、选址招商、运营管理、推广营销等数据服务。

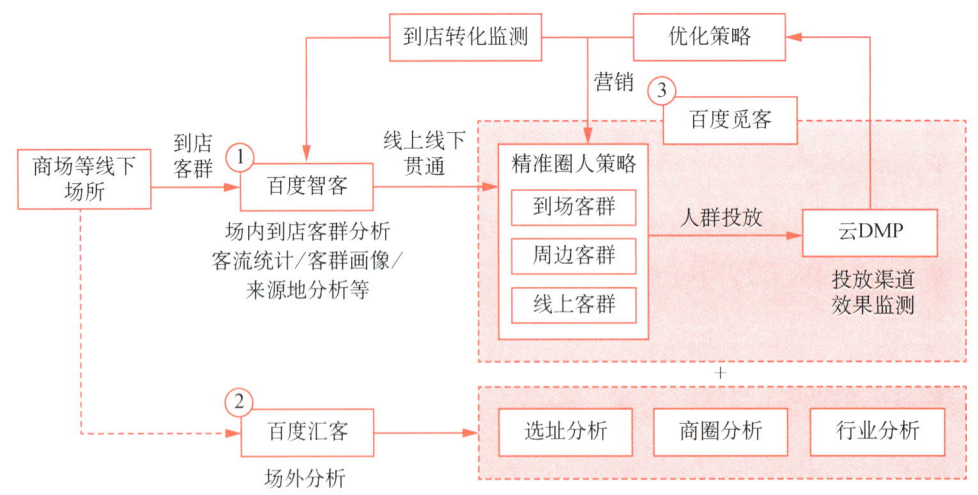

图 5-16 百度云零售行业解决方案

项目六　物流基础

项目背景

小王发现电子商务的发展离不开物流的建设。国家出台了一系列鼓励物流建设的政策措施,加大物流行业的投入。目前,小王奶茶店的外卖平台的配送方式,归纳起来主要有四种:专送、快送、混合送、自配送。随着外卖市场竞争愈发激烈,消费者对配送时长、餐品温度与完好度等要求也越来越高,想有效提升消费体验,抓住顾客的心,小王必须积极探索更加便捷的物流方式,采用高效率的管理模式,提高物流的速度和效率。

同时,奶茶行业供应商渠道的稳定至关重要。随着客户对奶茶品质的要求的提高,奶茶的原材料采购逐渐从国内走向海外,实现了全球化采购,这对原材料供应商的物流提出了更新的要求。

小王的困惑

1. 企业物流的业务模式可分为哪几种?
2. 国际物流的发展如何帮助小王实现全球化原材料采购?
3. 小王应如何选择配送方式,并进行有效的物流管理呢?

任务一　认知物流企业业务模式

任务目标

了解连锁企业供应链环境中供应链各组成要素之间的物流关系,能够列举连锁企业物流的具体活动内容,能够对企业物流形成初步的整体印象。

任务导入

随着奶茶店的红火发展,小王找到了新的契机,将奶茶店转向更大的市场,发展成为一家企业,这就少不了一个稳定的奶茶供应商的支持。于是他开始思考多种业务模式。

物流的外包可以让小王更专注于核心业务,同时使用最先进的物流科技提升物流效率,进行更加灵活的资源配置。

但小王需要能够建立长期战略合作伙伴关系的供应商,既是战略投资人,又是风险承担者,通过影响整个供应链来创造价值,为供应链上的客户带来利益。

1. 请你对比第三方物流、物流联盟、第四方物流的优缺点,思考如何高效管理物流外包?
2. 请你根据物流活动的内容,为小王寻找最合适的物流业务模式。

任务准备

任务准备1:物流的概念

物流是指物品从供应地到接收地的实体流动过程,是根据实际需要,将运输、储存、装卸、搬运、包装、流通加工、配送、信息处理等基本功能实施有机结合的过程。

物流一词最早来源于美国,评价物流体系有五个主要因素:品质、数量、时间、地点和价格。

因此,物流其实就是为了满足客户的需要,以最低的成本,通过运输、保管、配送等方式,实现原材料、半成品、成品及相关信息由商品的产地到商品的消费地所进行的计划、实施和管理的全过程。物流一般由对商品的运输、仓储、包装、搬运装卸、流通加工,以及相关的物流信息等环节构成,并对各个环节进行综合化和复合化后形成的最优系统。

任务准备2:物流管理

物流管理就是如何按时、按质、按量,并且以系统最低的成本费用把所需的材料、货物运到生产和流通领域中任何一个所需要的地方,以满足人们对货物在空间和时间上的需求。物流管理是以最低的物流成本达到用户所满意的服务水平,对物流活动进行的计划、组织、协调与控制的活动。在社会再生产过程中,根据物质资料实体流动的规律,应用管理的基本原理和科学方法,对物流活动进行计划、组织、指挥、协调、控制和监督,使各项物流活动实现最佳的协调与配合,才能降低物流成本,提高物流效率和经济效益。

未来,物流不是简单地搬运,一定是数智化的,所有物流要素都将数字化。

任务准备3:物流企业的业务模式

物流企业的业务模式可以分为自营物流、第三方物流、物流联盟和第四方物流等。第三方物流、物流联盟和第四方物流又同属于物流的外包业务,第四方物流是由第三方物流和物流联盟发展而来的一种新的物流模式。

(1)自营物流是指企业自备仓库、自备车队等,拥有一个自我服务的物流体系。代表性企业就是大家比较熟悉的京东物流,如图6-1所示。

图 6-1　京东物流

（2）第三方物流是指企业利用一家外部的物流公司完成其全部或部分物料管理和产品配送职能，顺丰就是非常标准的第三方物流公司，如图 6-2 所示。

而我们平时外卖使用的饿了么，也有自己的物流团队——骑手，也是第三方物流公司，如图 6-3 所示。

图 6-2　顺丰快递

图 6-3　饿了么

（3）物流联盟是指企业选择少数稳定且有长期业务往来的相关企业与之形成长期互利的、全方位的合作关系，通过彼此之间的优势互补，实现各自的物流目标和战略。

（4）第四方物流是指物流集成商，它调集和管理组织自己及具有互补性的服务提供商的资源、能力和技术，以提供一个综合的物流解决方案，某第四方物流品牌如图 6-4 所示。

图 6-4　某第四方物流品牌

第三方物流、物流联盟和第四方物流均属于企业物流外包业务,三者的区别在于外包业务中企业之间的合作程度的差异。在实际物流外包过程中,企业之间的合作既可能是一次性的买卖关系,也可能是长期的协议关系,还可能是共享系统的战略联盟关系。

通过观察和思考,根据你学到的物流企业的业务模式,填写表6-1。

表6-1 物流企业业务模式

项目	内容
我身边的物流需求	
物流运输对象与物流方式的选择	
常见的物流企业	

物流成本冰山理论

物流成本冰山理论由日本早稻田大学的西泽修教授提出,是指当人们阅读财务报表时,只注意到企业公布的财务统计数据中的物流费用,而这只能反映物流成本的一部分,有相当数量的物流费用是不可见的。

物流成本正如浮在水面上的冰山,人们所能看见的向外支付的物流费用好比冰山的一角,而大量的是人们看不到的沉在水下的企业内部消耗的物流费用,当水下的物流内耗越深,反而露出水面的冰山就越小,将各种问题掩盖起来。只有大力削减库存,才能将问题暴露并使之得到解决。这就是物流成本的冰山理论,如图6-5所示。

物流成本冰山理论成立,有三个方面的原因:

(1)物流成本的计算范围太大,包括原材料物流,工厂内物流,从工厂到仓库、配送中心的物流,从配送中心到商店的物流等,涉及单位非常多,牵涉的面也特别广,很容易遗漏其中的某一部分,这样物流费用的大小相距甚远。

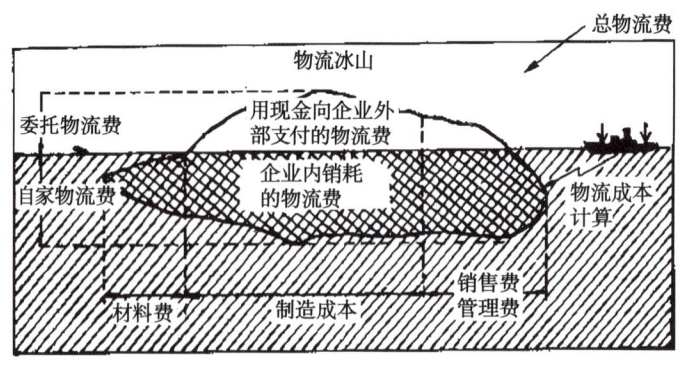

图 6-5 物流成本冰山理论示意图

（2）运输、保管、包装、装卸、流通加工及信息等各物流环节中，还需要明确以哪几个环节作为物流成本的计算对象。如果只计算运输和保管费用，不计算其他费用，这样与运输、保管、装卸、包装、流通加工及信息等全部费用的计算相比，两者的费用计算结果差别相当大。

（3）把哪几种费用列入物流成本中。比如，向外部支付的运输费、保管费、装卸费等费用一般都计入物流成本；而本企业内部发生的物流费用，如与物流相关的人工费、物流设施建设费、设备购置费，以及折旧费、维修费、电费、燃料费等是否也计入物流成本等，这些都与物流成本的大小直接相关。

因而物流成本确实犹如浮在水面上的冰山，露出水面的仅是冰山的一角。

任务二　认知国际物流

任务目标

了解国际物流的概念,理解国际物流与国际贸易之间的关系,理解物流在国际经济贸易中的具体体现,能够将国际贸易活动与物流有机结合起来,全面认识物流活动。

任务导入

随着小王奶茶企业的发展,小王发现消费者的需求在逐渐升级,除了奶茶业务,小王打算开发高端咖啡市场,而咖啡豆原产地多在南美、东南亚和非洲,这就需要从海外采购原材料。

（1）请你帮助小王了解什么是国际物流,了解咖啡豆是如何从南美运到国内的。

（2）请你根据小王的情况,帮助小王选择合适的国际物流方式。

任务准备

任务准备1：国际物流的概念

国际物流是指货物及物品在不同国家和地区之间的流转,即供应点与需求点处于不同国家（地区）之间的物流。

任务准备2：现代国际物流的特点

1. 物流环境差异大

国际物流的一个非常重要的特点是各国物流环境的差异,尤其是物流软环境的差异。不同国家的不同物流适用法律使国际物流的复杂性远高于一国的国内物流，甚至会阻断国际物流；不同国家不同经济和科技发展水平会造成国际物流处于不同科技条件的支撑下，甚至有些地区无法应用某些技术，而迫使国际物流全系统水平的下降；不同国家不同标准也会造成国际"接轨"的困难，因而使国际物流系统难以建立；不同国家的风俗人文也使国际物流受到很大局限。

由于物流环境的差异，使得一个国际物流系统需要在几个不同法律、人文、习俗、语言、科技、设施的环境下运行，无疑会大大增加物流的难度和系统的复杂性。

2. 物流系统范围大

物流本身的功能要素、系统与外界的沟通就是很复杂的，国际物流要在这复杂的系统上增加不同国家的要素，涉及的内外因素更多，所需的时间更长，广阔范围带来的直接后果是难度和复杂性的增加、风险的增大。

当然，也正是因为如此，国际物流一旦融入现代化系统技术，其效果比以前更为显著。例如，开通新欧亚大陆桥之后，我国出口欧洲的国际物流速度成倍提高，效益显著增加。

3. 对物流信息化程度要求高

国际化信息系统是国际物流，尤其是国际联运非常重要的支持手段。国际信息系统建立的难度：一是管理困难；二是投资巨大；三是信息水平不均衡，世界上有些地区物流信息水平较高，有些地区较低，因而国际化信息系统的建立更为困难。

当前建立国际物流信息系统的办法是和各国海关的公共信息系统联机，时掌握有关各个港口、机场和联运线路、站场的实际状况，为供应或销售物流决策提供支持。国际物流是最早发展电子数据交换技术的领域，对物流的国际化产生重大影响。

4. 对物流标准化要求高

要使国际物流畅通起来，统一标准是非常重要的。目前，美国、欧洲基本实现了物流工具、设施的统一标准，如集装箱的统一规格及条码技术等，这样一来大大降低了物流费用，降低了转运的难度。而不向这一标准靠拢的国家，必然在转运、换车底等许多方面要多耗费时间和费用，从而降低其国际竞争能力。

任务准备3：国际物流的运输方式

（1）国际海洋货物运输。

（2）国际铁路货物运输。

（3）国际公路货物运输。

（4）国际航空货物运输。

以上四种国际物流运输方式的对比，如表6-2所示。

表6-2 国际物流运输方式对比

运输方式	优点	缺点	主要应用
国际海洋货物运输	① 通过能力大 ② 运输量大 ③ 运费低廉 ④ 对货物的适应性强	① 受自然气象条件因素影响大 ② 航行风险大，安全性差 ③ 运送速度慢，准时性差 ④ 搬运成本与装卸费用高	① 大批量货物，特别是集装箱运输 ② 原料半成品等散货运输
国际铁路货物运输	① 运输的准确性和连续性强 ② 运输速度较快 ③ 运输量较大 ④ 运输成本较低 ⑤ 安全可靠 ⑥ 通用性能好	① 设备和站台等限制使得铁路运输的固定成本高 ② 建设周期较长 ③ 占地多 ④ 变动成本相对较低，使得近距离的运费较高 ⑤ 装卸次数较多，货物错损或损失事故比其他运输方式多	① 大宗低值货物的中、长距离运输，也较适合运输散装、罐装货物 ② 适于大量货物一次高效率运输 ③ 对于运费负担能力小、货物批量大、运输距离长的货物来说，运费比较便宜
国际公路货物运输	① 机动灵活 ② 简洁方便 ③ 应急性强 ④ 投资少、收效快	① 变动成本相对较高。公路的建设和维修费通常是以税费的形式向承运人征收的 ② 载重量小，受容积限制，不能像铁路运输一样运送大量不同品种和大件的货物 ③ 能耗高，环境污染比其他运输方式严重，劳动生产率低	① 近距离的独立运输作业 ② 补充和衔接其他运输方式，当其他运输方式担负主要运输时，由公路运输担负起点和终点处的短途集散运输，完成其他运输方式到达不了的地区的运输任务

(续表)

运输方式	优点	缺点	主要应用
国际航空货物运输	① 运送速度快 ② 安全准确 ③ 手续简便 ④ 节省包装、保险、利息和储存等费用	① 运量小 ② 运价较高,设施成本高,维护费用高,人员(飞行员、空勤人员)培训费高 ③ 受气候条件的限制,在一定程度上影响了运输的准确性和正常性	适用于高附加值、小体积的物品运输

任务准备4:海外仓的设立

海外仓是指建立在海外的仓储设施。在跨境贸易电子商务中,海外仓是指国内企业将商品通过大宗运输的形式运往目标市场国家,在当地建立仓库储存商品,然后再根据当地的销售订单做出响应,及时从当地仓库进行分拣、包装和配送,菜鸟海外仓如图6-6所示。

图6-6 菜鸟海外仓

海外仓兴起的原因：

海外仓兴起的原因一：跨境贸易电子商务的迅速发展对物流行业的要求日益提高。

退换货在国内网购中较为普遍，国外买家的心态与国内买家是一样的，希望购买的东西快点送到手中，不满意还能轻松退换货，那怎么解决这个问题呢？

答案是走出国门，提供与国内电商一样的本土化服务，充分利用中国制造的优势参与国际竞争，这将是跨境贸易电子商务实现可持续发展的关键，海外仓将会成为电商时代物流业发展的必然趋势。

海外仓兴起的原因二：跨境贸易电子商务根据企业自身需求转型建仓。

（1）不稳定的物流体系是跨境贸易电子商务一大挑战。无论是企业还是个体电商，要想把生意做大，不仅要维护好自己的电子商务平台，还需要一个能够降低成本、加快配送时效、规避风险的海外仓储。卖家只要把货物大批量运到海外仓，就有专门的海外仓工作人员代替商家处理后续各项琐事，在线处理发货订单，一旦有人下单立即完成抓货、打包、贴单、发货等一系列物流程序，这可以为商家节省时间和精力进行新产品开发，从而获取更大的利润。

（2）大多数传统买家更相信快捷的本土服务，在价格相差不大的情况下，他们更愿意选择购买海外仓的商品。特别是在黑色星期五、圣诞节等购物旺季，订单暴增，跨境配送的效率受到影响，丢包的风险加大，加上各国海关的抽查政策更加严格，如在途经意大利、西班牙海关时，包裹很容易被扣关检查，这都将延迟配送的时间。速度是与买家的满意度直接挂钩的，买家满意度的降低会影响卖家账号的安全。因此，越来越多的国内企业意识到选择建立海外仓的必要性，海外仓不仅可以将跨境电商贸易中的物流风险前置，还可以提高客户满意度，增加营业额。

（3）除了本地发货的可信度和时效性，海外仓储及其配套系统，也能为卖家带来更好的跨境贸易购物体验，节省更多的时间，减少出错率。

任务实施

国际物流并非遥不可及，我们一直在享受着国际物流的服务，回忆一下我们身边的国际物流场景，思考国际物流都采用了哪些运输方式，并填写表6-3。

表 6-3　身边的国际物流场景及运输方式

项目	内容
我身边的国际物流	
所采用的运输方式	
对该物流方式的说明	

与此同时，请思考国际物流给我们的生活带来了怎样的影响和作用？

 任务拓展 1

国际物流的发展

国际物流在 20 世纪的发展大体经历了三个阶段。

1. 第一阶段

20 世纪 50 年代至 20 世纪 80 年代，物流设施和物流技术有了飞速的发展，配送中心开始建立，立体化仓库开始出现，计算机技术也在物流管理中被广泛应用，一些国家建立了本国的物流标准化体系。物流系统的改善促进了国际贸易的发展，物流活动已经超出一国的范围。尽管如此，在这一阶段，物流国际化的趋势没有得到人们的普遍重视。

2. 第二阶段

20 世纪 80 年代至 20 世纪 90 年代，随着经济技术的发展和国际经济往来的日益增加，物流国际化趋势开始引起发达国家的广泛关注，如美国密歇根州立大学教授鲍尔·索克斯认为美国经济已经失去了兴旺势头，陷入长期倒退的危机之中，必须改善国际性物流管理，降低产品成本，改善服务，扩大销售，才能在激烈的国际竞争中获得胜利。与此同时，日本正处于经济发展期，以贸易立国，为实现与其对外贸易相适应的国际化，采取了建立物流信息网络、加强物流全面质量管理等一系列措施，以提高物流国际化效率。在这一阶段，物流国际化的趋势主要局限在美国、日本和欧洲等发达国家和地区。

3. 第三阶段

20 世纪 90 年代初至今，国际物流的概念和重要性已经被各国政府和跨国企业普遍接受。贸易伙伴遍布全球，必然要求物流国际化，包括物流设施国际化、物流技术国际化、物流服务国际化、货物运输国际化、包装国际化、流通加工国际化等。在这一阶段，各国都广泛开展国际物流方面的理论研究和实践方面的探索。

任务拓展2

国际物流与国际贸易

（一）国际贸易促进了国际物流的产生与发展

1. 国际贸易促进了国际物流的产生

国际贸易是国际物流产生的前提，同时，国际物流也是国际贸易得以实现的必要条件。如果没有国际物流的支持，商品无法在国际间进行移动，国际贸易也就无法完成。因此，国际贸易必然会推动国际物流的产生。随着国际贸易的发展，贸易双方对国际物流服务的专业化、一体化要求加强，使得国际物流由早期的将货物由一国供应者向另一国需求者的物理性移动，发展成为今天的集采购、包装、运输、储存、搬运、流通加工、配送和信息处理等基本功能于一体的综合性系统。可以说，国际贸易产生了国际物流，并且促进了其向现代化国际物流的发展。

2. 国际贸易的发展促进了国际物流技术的进步

物流技术（logistics technology）是指物流活动中所采用的自然科学与社会科学方面的理论、方法，以及设施、设备、装置与工艺的总称。随着国际贸易的发展，世界各国、各大企业在世界市场上展开了激烈的竞争，国际贸易的发展要求从各个方面降低成本，包括：原材料价格、订单成本、运输价格、库存成本等。这就对国际物流的各个环节提出了新的挑战和要求。在国际贸易的推动下，国际物流从理论到技术都有了重大的创新和发展。

3. 国际贸易的发展不断对国际物流提出新的要求

全球经济的发展，人类需求层次的提高，一方面使得国际贸易取得了长足的发展：一是贸易量的快速增长，二是可贸易商品种类极大丰富；另一方面也使国际贸易的结构发生了巨大的变化，传统的初级产品、原料等贸易品种正逐步让位于高附加值、精密加工的产品。国际贸易的变化发展对国际物流的质量、效率、安全等提出了新的要求。

4. 国际贸易对国际物流发展趋势的影响

由于国际贸易发展成为买方市场，许多贸易商为迎合消费者日益个性化的产品需求,而采取多样、少量的贸易方式,因而高频度、小批量的配送需求也随之产生。在美国、日本和欧洲等经济发达国家和地区,专业化的物流服务已形成规模,并拥有广泛的发展前景。伴随着国际贸易商经营取向的变革应运而生了物流经营的专业化、集约化、电子物流和绿色物流等。

总之,国际贸易的发展必将推动国际物流在各个方面取得新的进展和突破。当今世界,各国间的联系越来越紧密,全球的贸易量也在不断上升,这必将给国际物流提供更大的发展空间,也会给国际物流的发展提供更大的推动力。

(二) 高效的国际物流系统成为国际贸易持续发展的保证

国际贸易推动国际物流的诞生,但是,自其诞生之日起,国际物流就开始了自己独立发展的历程,不断发展壮大,并且国际物流的不断进步与发展对国际贸易的发展也起到了深远的促进作用。

一般认为物流系统的功能要素有运输、储存保管、包装、装卸搬运、流通加工、配送、物流信息等,各要素充分发挥各自功能,合理、有效地发挥着物流系统的作用。

高效的物流系统为国际贸易不断发展提供了有力支持,使各国参与贸易的利益提高,将更多的非贸易品加工为贸易品。

为了实现成本最低化,很多企业从成本最低的国家和地区进行原材料、零部件的采购。跨国企业的采购和销售在国际贸易中占据的比重越来越大,据统计,跨国企业掌握着全球2/3的国际贸易。在目前多品种、小批量生产趋势逐渐加强、产品生命周期日益缩短及日趋激烈的贸易竞争情况下,企业不再孤军奋战,通过合作伙伴,如供应商、贸易商、零售商、代理商的共同参与,对产品进行动态改进,不断挖掘客户新的需求,这就需要形成高效的全球供应链体系来不断整合全球资源。企业可以凭借高度灵活和快速响应的物流和供应链系统,实现全方位重组,进一步优化要素配置、生产定位和布局,进而实现贸易利益的最大化。

由此可见,国际物流也已成为影响和制约国际贸易进一步发展的重要因素。国际物流的发展极大地改善了国际贸易的环境,为国际贸易提供了各种便利的条件,世界贸易的飞速增长与国际物流的发展是分不开的。

(三) 国际贸易与国际物流的关系

我们可以看出,国际贸易与国际物流存在相辅相成、互相促进的关系。国际贸易的进一步发展需要国际物流的支持,如果国际物流的发展无法跟上国际贸易发展的脚步,将会大大阻碍国际贸易的纵深发展。因此,除了政策支持、全球合作等促进国际贸易的传统方法以外,必须大力发展国际物流,以适应国际贸易发展的需要,促进国际贸易的持久发展。

 **任务拓展3**

苏伊士运河堵船事件

"长赐号"于2021年3月23日搁浅在苏伊士运河上,经过多方努力,该船于3月29日脱困。考虑到堵塞船只疏散时间,整个事件对全球航运干扰影响长达12天。据德国保险巨头安联集团估算,受货物交付延长等因素影响,运河堵塞或令全球贸易每周损失60亿美元至100亿美元。

随着"长赐号"的脱困,相关调查也于3月31日正式启动。苏伊士运河管理局此前已对搁浅货轮进行了初步检查,未发现该货轮有任何技术问题。苏伊士运河管理局主席乌萨马·拉比耶表示"在搁浅事件调查结束前,长赐号不得离开苏伊士运河"。

在赔偿责任方面,《华尔街日报》报道称,根据租赁合约规定,本次苏伊士运河的事故责任应由船东公司日本正荣汽船公司负责。

日本正荣汽船公司则表示,针对船只救援活动的费用将由船壳保险覆盖,该份保险由总部位于日本东京的保险公司 MS&AD Insurance Group 承保。其他索赔则将通过保赔保险来覆盖。英国保赔协会(UK P&I Club)已为"长赐号"船东投保,该协会是国际保赔协会集团(P&I Club)的成员。

埃及方面已表态将向日本船东索赔。乌萨马·拉比耶透露,苏伊士运河断航期间,运河管理局每天损失1 200万~1 500万美元。

惠誉评级保险部门的高级主管 Brian Schneider 则表示,考虑到索赔的复杂性,事件总索赔金额可能高达10亿美元。

资料来源:许超.苏伊士运河堵塞结束了![EB/OL].(2021-04-04)[2024-05-03]. https://wallstreetcn.com/articles/3626147?keyword=％E8％8B％8F％E4％BC％8A％E5％A3％AB％E8％BF％90％E6％B2％B3.html.

任务三 认知物流信息技术

 任务目标

了解物流信息技术,熟悉物流信息技术的应用领域,掌握物流信息系统的功能。

 任务导入

小王奶茶店的业务拓展得越来越广,涉及的商品和物流越来越多。一次在超市购物时,小王看到收银员使用扫码机扫码收银,小王突然意识到发出的货物或收到的货物都可以使用这样的条码进行扫码管理。

1. 请你帮助小王了解什么是物流信息技术。
2. 请你根据小王的情况,帮助小王选择可以使用的物流信息技术。

 任务准备

任务准备1:物流信息技术

物流信息技术是指运用于物流各环节中的信息技术。根据物流的功能及特点,物流信息技术包括电脑技术、网络技术、信息分类编码技术、条码技术、射频识别技术、电子数据交换技术、全球定位系统、地理信息系统等。

物流信息技术是物流现代化的重要标志,也是物流技术中发展最快的领域,从数据采集的条形码系统,到办公自动化系统中的微型计算机、互联网,各种终端设备等硬件及电脑软件都在日新月异地发展。同时,随着物流信息技术的不断发展,产生了一系列新的物流理念和物流经营方式,推进了物流的变革。在供应链管理方面,物流

信息技术的发展也改变了企业应用供应链管理获得竞争优势的方式,成功的企业通过应用信息技术来支持经营战略并选择经营业务,通过利用信息技术来提高供应链活动的效率性,增强整个供应链的经营决策能力。

任务准备 2：物流信息技术的组成

1. 条码技术

条码技术是在电脑的应用实践中产生和发展起来的一种自动识别技术,是一种对物流中的货物进行标识和描述的方法。

条码是实现 POS 系统、电子数据交换、电子商务、供应链管理的技术基础,是提高物流管理现代化水平、企业管理水平和竞争能力的重要技术手段,如图 6-7 所示。

图 6-7　条码技术

2. 电子数据交换技术

电子数据交换(electronic data interchange,EDI)技术是指通过电子方式,采用标准化的格式,利用电脑网络进行结构化数据的传输和交换的方法。构成 EDI 系统的三个要素是 EDI 软件、通信网络及数据标准化。

EDI 系统的工作方式大体如下：用户在电脑上进行原始数据的编辑处理,通过 EDI 转换软件(Mapper)将原始数据格式转换为平面文件,平面文件是用户原始资料格式与 EDI 标准格式之间的对照性文件。通过翻译软件将平面文件变成 EDI 标准格式文件。然后在文件外层加上通信信封,通过通信软件 EDI 系统交换中心邮箱发送到增值服务网络或直接传送给对方用户,对方用户则进行相反的处理过程,最后成为用户应用系统能够接收的文件格式。物流 EDI 平台使用前后对比,如图 6-8 所示。

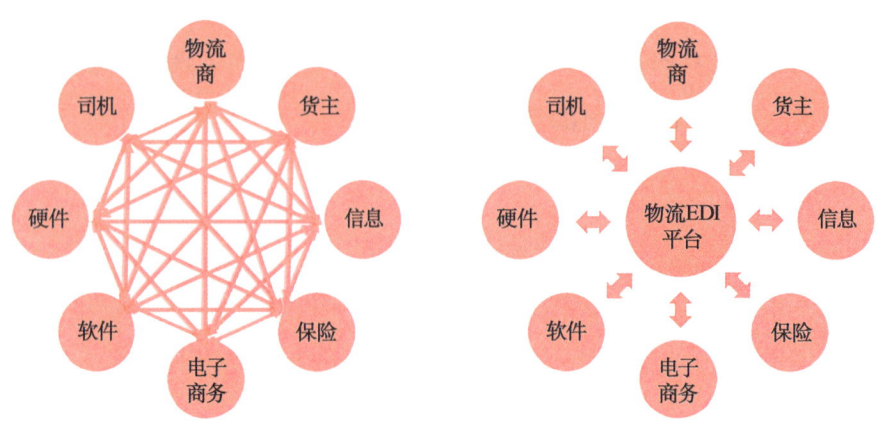

图 6-8　物流 EDI 平台使用前后对比

3. 射频识别技术

射频识别（radio frequency identification，RFID）技术是一种非接触式的自动识别技术，通过射频信号自动识别目标对象来获取相关数据的方法。RFID 识别工作无须人工干预，即可工作于各种恶劣环境。短距离射频产品不怕油渍、灰尘污染等恶劣的环境，可以替代条码使用，如在工厂的流水线上跟踪物体。长距离射频产品多用于交通领域，识别距离可达几十米，如自动收费或识别车辆身份等。RFID 技术，如图 6-9 所示。

图 6-9　RFID 技术

4. 地理信息系统技术

地理信息系统（geographic information system，GIS）技术是多种学科交叉的产物，以地理空间数据为基础，采用地理模型分析方法，实时地提供多种空间和动态的地理信息，是一种为地理研究和地理决策服务的电脑技术系统。其基本功能是将表格型数据（来自资料库、电子表格文件或直接在程式中输入）转换为地理图形显示，然后对显示结果进行浏览、操作和分析。其显示范围可以从洲际地图到非常详细的街区地图，其显示对象包括人口、销售情况、运输线路等内容。GIS 技术，如图 6-10 所示。

图 6-10 GIS 技术

5. 全球定位系统

全球定位系统（global positioning system，GPS）具有在海、陆、空进行全方位实时三维导航与定位功能。GPS 在物流领域可以应用于汽车自定位、跟踪调度，铁路运输管理等，同时可以应用于军事、农业、科技等多方面领域。

我国在全球定位系统的建设中后来居上，成功开发建设了北斗卫星导航系统，对我国的经济发展起着重要作用。

任务准备 3：物流信息系统的功能

物流信息系统的主要功能是进行物流信息的收集、存储、传输、加工整理、维护和输出，为物流管理者及其他组织管理人员提供战略、战术及运作决策的支持，以达到组织的战略竞优，提高物流运作的效率与效益。物流信息系统是物流系统的神经中枢，作为整个物流系统的指挥和控制系统，可以分为多种子系统或者多种基本功能。

通常，我们可以将物流信息系统的基本功能归纳为以下几个方面。

1. 数据收集

物流数据的收集是将数据通过收集子系统从系统内部或者外部收集到预处理系统中,并整理为系统要求的格式和形式,然后通过输入子系统输入物流信息系统的过程。这一过程是物流信息系统其他功能发挥作用的前提和基础,如果一开始收集和输入的信息不完全或不正确,在接下来的过程中得到的结果就可能与实际情况完全相左,导致严重的后果。因此,在衡量物流信息系统性能时,应注意其收集数据的完善性、准确性,以及校验能力和预防、抵抗破坏的能力等。

2. 信息存储

物流数据经过收集和输入阶段后,在其得到处理之前,必须存储在物流信息系统中。数据在处理之后,应存储数据,以供日后使用。物流信息系统的存储功能能够保证已得到的物流信息不丢失、不走样、不外泄、整理得当、随时可用。无论哪一种物流信息系统,在涉及信息的存储问题时,都要考虑存储量、信息格式、存储方式、使用方式、存储时间、安全保密等问题。如果这些问题没有得到妥善解决,物流信息系统是不能投入使用的。

3. 信息传输

在物流信息系统中,物流信息一定要准确、及时地传输到各个职能环节,否则信息就会失去其使用价值。这就需要物流信息系统具有克服空间障碍的功能。物流信息系统在实际运行前,必须要充分考虑所要传递信息的种类、数量、频率、可靠性要求等因素,只有这些因素符合物流系统的实际需要时,物流信息系统才是有实际使用价值的。

4. 信息处理

物流信息系统的最根本功能就是将输入的数据加工处理为物流信息系统所需要的物流信息。数据和信息是有所不同的,数据是得到信息的基础,但数据往往不能被直接利用,而信息是从数据加工得到,可以直接利用。只有得到了具有实际使用价值的物流信息,物流信息系统的功能才能充分发挥。

5. 信息输出

信息的输出是物流信息系统的最后一项功能,只有在实现了这个功能后,物流信息系统的任务才完成。信息的输出必须采用便于人或计算机理解的形式,在输出形式上力求易读易懂、直观醒目。

以上五项功能是物流信息系统的基本功能,缺一不可。只有这五项基本功能都没有出错,得到的物流信息才具有实际使用价值,否则会造成严重后果。

任务实施

请你通过物流信息系统,结合小王的产品,帮助小王选择最适合的物流技术方式,如表 6-4 所示。

表 6-4　小王的物流技术方式选择

小王的产品	选用的物流技术方式
奶茶外卖	
咖啡豆原材料	
加盟商原料的管理	

任务拓展

北斗卫星导航系统

1. 概述

北斗卫星导航系统(以下简称北斗系统)是中国着眼于国家安全和经济社会发展需要,自主建设运行的全球卫星导航系统,是为全球用户提供全天候、全天时、高精度定位、导航和授时服务的国家重要时空基础设施。北斗系统,如图 6-11 所示。

北斗系统提供服务以来,已在交通运输、农林渔业、水文监测、气象测报、通信授时、电力调度、救灾减灾、公共安全等领域得到广泛应用,服务国家重要基础设施,产生了显著的经济效益和社会效益。基于北斗系统的导航服务已被电子商务、移动智能终端制造、位置服务等厂商采用,广泛进入中国大众消费、共享经济和民生领域,应用的新模式、新业态、新经济不断涌现,深刻改变着人们的生产生活方式。中国将持续推进北斗系统应用与产业化发展,服务国家现代化建设和百姓日常生活,为全球科技、经济和社会发展作出贡献。

图 6-11　北斗卫星导航系统

北斗系统秉承"中国的北斗、世界的北斗、一流的北斗"发展理念,愿与世界各国共享北斗系统建设发展成果,促进全球卫星导航事业蓬勃发展,为服务全球、造福人类贡献中国智慧和力量。北斗系统为经济社会发展提供重要时空信息保障,是中国实施改革开放40余年来取得的重要成就之一,是中华人民共和国成立70余年来重大科技成就之一,是中国贡献给世界的全球公共服务产品。中国将一如既往地积极推动国际交流与合作,实现与世界其他卫星导航系统的兼容与互操作,为全球用户提供更高性能、更加可靠和更加丰富的服务。

2. 发展历程

20世纪后期,中国开始探索适合我国国情的卫星导航系统发展道路,逐步形成了三步走发展战略:2000年年底,建成北斗一号系统,向中国提供服务;2012年年底,建成北斗二号系统,向亚太地区提供服务;2020年,建成北斗三号系统,向全球提供服务。

3. 发展目标

建设世界一流的卫星导航系统,满足国家安全与经济社会发展需求,为全球用户提供连续、稳定、可靠的服务;发展北斗系统产业,服务经济社会发展和民生改善;深化国际合作,共享卫星导航系统发展成果,提高全球卫星导航系统的综合应用效益。

4. 建设原则

中国坚持"自主、开放、兼容、渐进"的原则建设和发展北斗系统。

自主:坚持自主建设、发展和运行北斗系统,具备向全球用户独立提供卫星导航服务的能力。

开放:免费提供公开的卫星导航服务,鼓励开展全方位、多层次、高水平的国际合作与交流。

兼容:提倡与其他卫星导航系统开展兼容与互操作,鼓励国际合作与交流,致力于为用户提供更好的服务。

渐进:分步骤推进北斗系统建设发展,持续提升北斗系统服务性能,不断推动卫星导航产业全面、协调和可持续发展。

5. 远景目标

2035年前还将建设完善更加泛在、更加融合、更加智能的综合时空体系。

6. 基本组成

北斗系统由空间段、地面段和用户段三部分组成。

（1）空间段：北斗系统空间段由若干地球静止轨道卫星、倾斜地球同步轨道卫星和中圆地球轨道卫星等组成。

（2）地面段：北斗系统地面段包括主控站、时间同步/注入站和监测站等若干地面站，以及星间链路运行管理设施。

（3）用户段：北斗系统用户段包括兼容其他卫星导航系统的芯片、模块、天线等基础产品，以及终端产品、应用系统与应用服务等。

7. 发展特色

北斗系统的建设实践，走出了在区域快速形成服务能力、逐步扩展为全球服务的中国特色发展路径，丰富了世界卫星导航事业的发展模式。

北斗系统具有以下特点：

（1）北斗系统空间段采用三种轨道卫星组成的混合星座，与其他卫星导航系统相比，高轨卫星更多，抗遮挡能力强，尤其低纬度地区性能优势更为明显。

（2）北斗系统提供多个频点的导航信号，能够通过多频信号组合使用等方式提高服务精度。

（3）北斗系统创新融合了导航与通信能力，具备定位导航授时、星基增强、地基增强、精密单点定位、短报文通信和国际搜救等多种服务能力。

项目七 科技前沿

 **项目背景**

小王在一次新品奶茶推广活动中,通过移动设备行为数据的分析,准确定位到"从学校放学出来想要喝奶茶"的人群,并实时给他们送出了新品优惠券。小王发现每个人每天搜索了什么词、位置在哪儿,都会产生可以转化为数据,而这些行为如同原油一样,需要经过加工才能利用。小王将用户的生活状态、兴趣偏好等信息变为可供分析的有用数据,并试图设计描述用户的标签体系,让数据真正为产品所用,变成有价值的信息。

小王发现大数据技术的具体算法能从各种各样类型的数据中快速获得真正有价值的信息。因此,深入了解并学习大数据技术的原理及其运用,对于小王奶茶店的发展也至关重要。

 小王的困惑

1. 什么样的通信技术可以采集并快速传递大数据?
2. 如何通过大数据分析开展精准的推广活动?
3. 如何评估用户画像的有效程度?

任务一 认 知 5G

任务目标

了解 5G 及其特点与发展历史,熟悉 5G 技术的应用场景。

任务导入

数字经济是信息时代新的经济社会形态,目前,全球已经进入数字经济新时代。数字经济已经成为我国国民经济发展的核心关键力量,根据中国信息通信研究院测算,2023 年我国数字经济规模超过 50 亿元,占 GDP 比重达到 41.5%。

面对数字化转型的浪潮,新兴数字技术的支撑作用愈发明显。5G 技术以低延时、大带宽、广连接的优势,成为数字经济时代的发动机。

请查询五代移动技术的发展情况与代表性突破,填写表 7-1。

表 7-1 移动技术与其代表性突破

移动技术	代表性突破
1G	
2G	
3G	
4G	
5G	

任务准备

任务准备1：什么是5G

5G即第五代移动通信技术（5th generation mobile communication technology），简称5G或5G技术，是最新一代蜂窝移动通信技术，是继4G、3G和2G技术之后的延伸。

任务准备2：什么是蜂窝移动通信网

在我们身边，我们可以看到很多通信基站，其看似庞然大物，但是单个基站只能覆盖周边方圆几百米的范围。因此，一个个孤立的基站"单打独斗"是无法为居民提供良好服务的，需要让众多的基站联合起来，遵守相同的规则，互通有无，协同工作，才能满足移动通信需求。大量的基站联合起来，再加以控制节点连接，就组成了一张"网"，业界一般把这张网称作"蜂窝移动通信网"，具体如图7-1、图7-2所示。

图7-1 通信基站

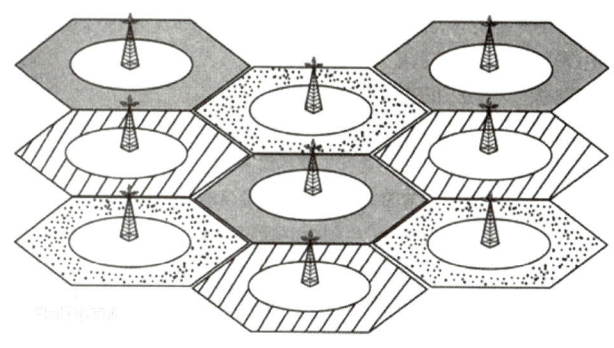

图 7-2　蜂窝移动通信网示意图

任务准备 3：5G 的主要优势

（1）5G 的传输速率最高可达 10～20 Gbit/s，远高于当前的有线互联网，比 4G 快 100 倍。

（2）5G 拥有较低的网络延迟（更快的响应时间），低于 10 毫秒。由于数据传输更快，5G 网络不但可以为手机提供服务，而且还可以成为一般性家庭和办公网络的提供商，与有线网络提供商竞争。

（3）5G 的其他优势还包括节省能源、降低成本、提高系统容量和连接大规模设备等。

任务准备 4：5G 的发展历史

2013 年 2 月，欧盟宣布投入资金，加快 5G 移动技术的发展。

2014 年 5 月 8 日，日本电信营运商 NTT DoCoMo 正式宣布将与 Ericsson、Nokia、Samsung 等六家厂商共同合作，开始测试 5G 网络。

2015 年 3 月 1 日，英国《每日邮报》报道，英国已成功研制 5G 网络。

2015 年 9 月 7 日，美国移动运营商 Verizon 无线公司宣布，将从 2016 年开始试用 5G 网络，于 2017 年在美国部分城市全面商用。

2016 年 3 月，中国工业和信息化部副部长陈肇雄表示：5G 是新一代移动通信技术发展的主要方向。

2017年11月15日,中国工业和信息化部发布《关于第五代移动通信系统使用3 300～3 600 MHz和4 800～5 000 MHz频段相关事宜的通知》,确定5G中频频谱。

2017年12月,中国国家发展改革委办公厅发布《关于组织实施2018年新一代信息基础设施建设工程的通知》。

2018年2月23日,在世界移动通信大会召开前夕,沃达丰和华为宣布两家公司在西班牙合作采用非独立的3GPP 5G新无线标准和Sub-6GHz频段完成了全球首个5G通话测试。

2018年2月27日,华为在世界移动通信大会上发布了首款3GPP标准5G商用芯片巴龙5G01芯片和5G商用终端,支持全球主流5G频段,包括Sub-6GHz(低频)、mmWave(高频),理论上可实现最高2.3 Gbps的数据下载速率。

2018年6月13日,3GPP第五代移动通信技术标准(5G NR)独立组网(standalone, SA)方案在3GPP第80次TSG RAN全会正式完成并发布,是真正意义的国际5G标准。

2018年6月14日,3GPP全会(TSG♯80)批准了5G NR独立组网功能冻结。

2018年6月28日,中国联通公布了5G部署:将以SA为目标架构,前期聚焦eMBB,5G网络计划将在2020年正式商用。

2018年12月7日,中国工业和信息化部同意联通集团自通知日至2020年6月30日使用3 500～3 600 MHz,用于在全国开展第五代移动通信(5G)系统试验。

2018年12月10日,中国工业和信息化部正式对外公布,已向中国电信、中国移动、中国联通发放了5G系统中低频段试验频率使用许可。

2018年12月18日,美国电信公司AT&T宣布将于12月21日在全美12个城市率先开放5G网络服务。

2019年6月6日,中国工业和信息化部正式向中国电信、中国移动、中国联通、中国广电发放5G商用牌照,中国正式进入5G商用元年。

2021年,中国累计建成、开通5G基站超过139万个,5G手机终端连接数达到5.2亿户。

截至2023年年底,中国累计建成5G基站337.7万个,5G移动电话用户达8.05亿户。

 **任务实施**

1. 1G 时代：移动通信的鼻祖

1986 年，第一代移动通信（1G）在美国芝加哥诞生，作为移动通信的鼻祖，1G 采用模拟信号传输，即将电磁波进行频率调制后，将语音信号载波到电磁波上，载有信息的电磁波发布到空间后，由接受设备接收，并从载波电磁波上还原语音信息，完成一次通话。

最能代表 1G 时代特征的是美国摩托罗拉公司在 20 世纪 90 年代推出的风靡全球的"大哥大"，如图 7-3 所示。相信那个年代的人们一定记忆犹新，它在当时成为奢侈和财富的象征。

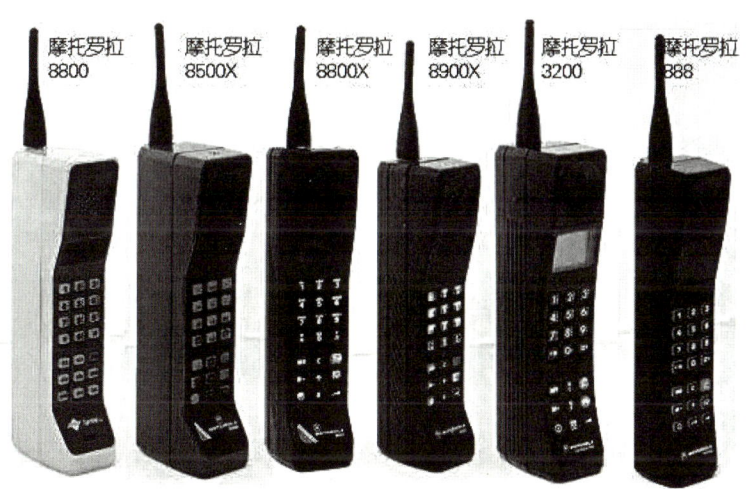

图 7-3　20 世纪 90 年代经典的"大哥大"

1G 采用模拟通信系统，代表无线传输采用模拟式 FM 调制，将介于 300～3 400 Hz 的语音转换到高频的载波频率 MHz 上实现通话。由于采用模拟技术，1G 系统的容量十分有限。此外，1G 的安全性和抗干扰性也存在较大的问题，经常出现串号、盗号等现象。

2. 2G 时代：手机可以上网

由于模拟通信存在较差的安全性，第二代移动通信（2G）使用数字调制，相比于 1G，2G 具备高度保密性，系统的容量也在增加。同时，从 2G 时代开始，手机可以上网,不过人们只能浏览一些文本信息。

2G 时代是诺基亚崛起的时代,1994 年诺基亚 2110 率先拨通了中国移动通信史上第一个 GSM 电话,中国开始进入 2G 时代,在此之后的那些年,诺基亚也带给我们无数经典手机,如图 7-4 所示。

虽然 2G 可以更有效率地接入互联网,但 2G 技术的缺点也是很显著的,如传输速率低、网络不稳定、维护成本高等。

3. 3G 时代:移动多媒体时代

随着人们对移动网络的需求不断加大,第三代移动通信(3G)在新的频谱上制定出新的标准,享用更高的数据传输速率,即 3G 相对 2G 主要是扩展了频谱,增加了频谱利用率,提升了速度,降低了延迟,使之更加利于互联网业务。

2008 年,苹果推出了支持 3G 网络的 iPhone 3G。人们可以在手机上直接浏览电脑网页、收发邮件、进行视频通话、收看直播等,人类正式步入移动多媒体时代,如图 7-5 所示。

图 7-4　2G 时代的诺基亚手机

图 7-5　苹果手机与 3G 开启了新时代

4. 4G 时代:移动互联网时代

2008 年 3 月,国际电信联盟(International Telecommuniate Union,ITU)指定一组用于 4G 标准的要求,命名为 IMT-Advanced 规范。采用更加先进通信协议的第四代移动通信(4G)具备速度更快、通信灵活、智能性高、高质量通信和资费相对更低等特点,几乎能够满足所有用户对无线服务的要求。

对于用户而言,相比 2G 和 3G,4G 网络在传输速度上有了非常大的提升,其理论速度是 3G 的 50 倍,上网速度可以媲美 20 Mbps 家庭宽带。因此,4G 网络具备观看高清电影、视频会议和大数据传输等,但是 4G 技术也有其缺点:覆盖范围有限、数据传输延迟等。

4G 时代最大特点:智能移动设备的迅速普及,其中主要包括 iOS 和 Android 系统两大阵营,成为我们生活中不可缺少的基本资源,各种各样手机应用成为生活中的必需品。由此,4G 使人类进入了移动互联网的时代,如图 7-6 所示。

图 7-6 用 4G 网络观看高清影片

5. 5G 时代:万物互联,智慧城市

5G 的到来使移动通信技术突破仅服务人与人和人与信息的连接,成为一个面向万物的统一连接架构和创新平台。5G 推动经济社会发展,将超高清视频、VR、AR、消费级云计算、智能家居、智慧城市、车联网、物联网、智能制造等技术深度融合,为各行各业带来新的增长机遇。

任务拓展

云 电 脑

一个显示器、一个鼠标、一个键盘,通过一个终端设备连接上网络就可以开始电脑办公,甚至只需一台手机连接网络就可以开启电脑办公模式。5G 时代下,云电脑已经成为热门话题,如图 7-7 所示。

与传统电脑相比,云电脑没有 CPU、内存和硬盘等硬件,这些硬件全部汇集在云

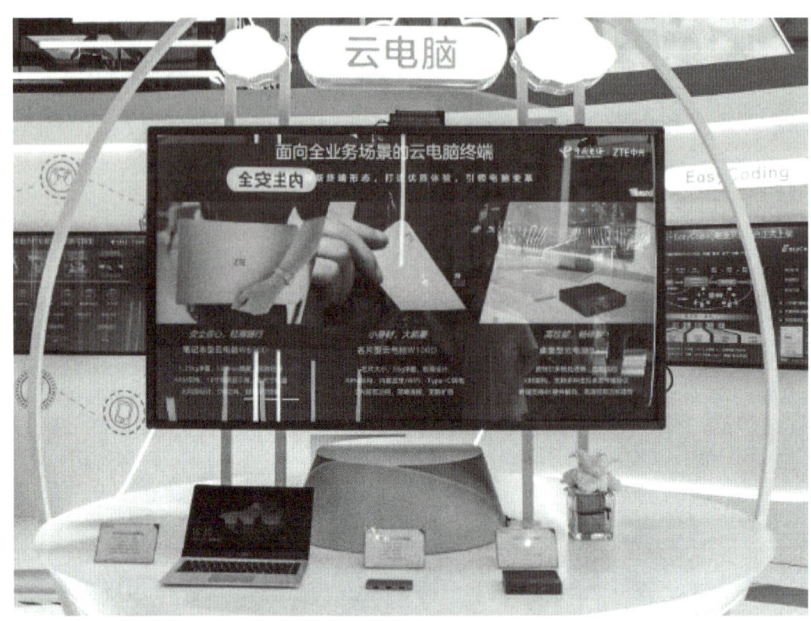

图 7-7　常见的"云电脑"装备

端的数据中心里。用户只需一个小巧的终端设备,在任何有网络的地方接入网络,连接键盘、鼠标和显示器,就可以访问个人的桌面、数据和各种应用,与使用普通个人电脑没有区别。

由于没有硬件设备,云电脑在使用、维护和管理上较传统电脑具备很多优点。例如,升级系统、修补漏洞都可以在云端集中进行,不必个人操作;在云端上,病毒无任何附着物,在服务器端则采用多种安全机制,比传统电脑更安全;同时,个人数据存储在云端,有多种机制进行备份,个人数据不会丢失;云电脑所有应用、数据,以及各种接口都可统一管理和控制,从而保证企业数据不会流失;此外,云端由于功耗低,设计上采用较为封闭的外壳,使用寿命要长很多。

云电脑依托于网络,而用户通常对延迟性要求和传输速率有极高的要求,5G技术的应用为此提供了极大的加成,大幅降低延迟性,使得用户在体验时不会有明显的画面卡顿或鼠标滑动不流畅等状况。

除了办公,云游戏平台也是云电脑的最重要业务之一,许多制作精美的大型游戏对于电脑的配置要求较高,而硬件配置价格较贵,通过云游戏平台则只需要能够联网的低配置电脑,就能够畅玩大型游戏。

任务二 认知物联网

任务目标

了解物联网的概念,熟悉物联网的特点与发展历程,掌握物联网的应用领域。

任务导入

5G 时代的到来,使得移动通信技术不只是服务人与人和人与信息的联接,而是成为一个面向万物的统一连接架构和创新平台。"万物相联"是物联网的主要灵魂。

物联网技术拥有许多具体的应用领域,请查询资料后填写表 7-2。

表 7-2 物联网领域具体业务场景及代表公司

领域	具体业务场景	代表公司
安防		
物流		
工业		
家居		

任务准备

任务准备 1:物联网的概念

物联网是指通过互联网、传统通信网络等信息载体,实现物与物相连的网络架构。在这个网络中,各种物品被嵌入传感器、软件等技术,使其能够收集、发送和接收数据。

物联网是在互联网基础上进一步拓展而产生的,实现物与物、人与物之间的通信、数据传输,形成物与物、人与物相连的互联网。

任务准备 2:物联网的组成架构

物联网可分为四层组成架构,分别为感知层、传输层、平台层和应用层,如图 7-8 所示。

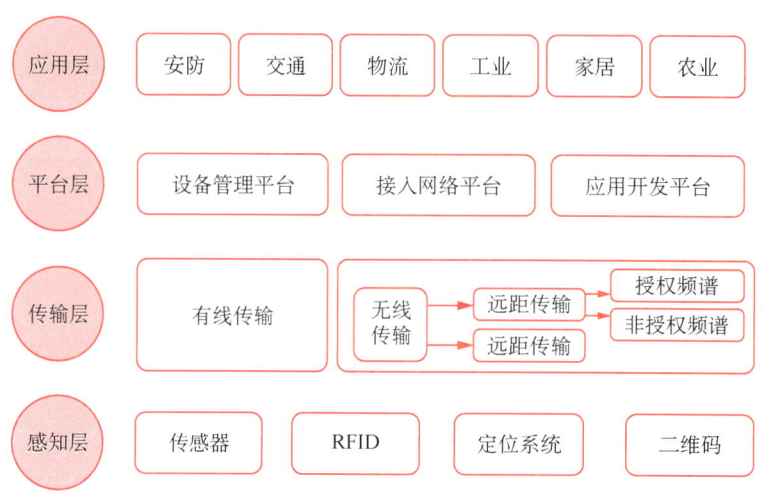

图 7-8 物联网组成架构

(1) 感知层是物联网的基层,通过传感器、RFID、定位系统、二维码等对物理世界的信息进行采集和识别。

(2) 传输层主要发挥信息传输作用,将感知层采集和识别的信息进一步传输到平台层。

(3) 平台层主要将来自感知层的数据进行汇总、处理和分析,按功能分类可分为设备管理平台、接入网络平台、应用开发平台。

(4) 应用层是物联网的顶层,将处理分析后的数据信息应用到具体领域。目前,物联网已实际应用到安防、交通、物流、工业、家居、农业等领域,应用领域还在进一步扩展。

任务准备 3:物联网的特点

(1) 感知技术应用广泛:通过感知技术来识别和采集物理信息是物联网的突出特

征,传感器、RFID、定位系统等多种感知技术在物联网基层广泛应用,实现数据采集的多维化;通过感知技术识别和采集物理信息还具有实时性,按一定频率周期性地采集环境信息,不断更新数据,实现采集数据实时化。

(2) 信息互联性:物联网是在互联网的基础上发展起来的,核心仍是互联网,通过有线传输和无线传输技术将物理环境信息进行传输,形成数据网络,实现物与物、人与物之间的信息数据互联互通。

(3) 智能化处理:在识别、采集、传输物体信息后,物联网还通过云计算、边缘计算等技术,对庞大数据进行智能化处理和分析,并对相应物体进行智能控制,满足不同领域用户需求。

(4) 应用领域广泛:物联网已实际应用到家居、交通、工业、能源、医疗、农业等领域,应用领域广泛,并将进一步扩展。

任务准备4:物联网发展历程

物联网的发展可以分为萌芽期、初步发展期及高速发展期。

萌芽期(1991—2004年):1991年,美国麻省理工学院的Kevin Ashton教授提出物联网概念。1995年,比尔·盖茨在其《未来之路》一书中构想物物互联,但当时并未引起广泛关注。1999年,美国麻省理工学院首先提出物联网的定义,将物联网定义为把所有物品通过RFID和条码等信息传感设备与互联网连接起来,实现智能化识别和管理的网络,自此,全球对物联网的关注度逐渐提升。2003年,美国《技术评论》将传感网络技术列为改变未来人们生活的十大技术之首。2004年,"物联网"这个术语开始出现在各种书名中,并在媒体上传播。

初步发展期(2005—2008年):2005年11月17日,ITU发布了《ITU互联网报告2005:物联网》,指出无所不在的"物联网"通信时代即将来临,世界上所有的物体都可以通过因特网主动进行交换。RFID、传感器、纳米、智能嵌入等技术将得到更加广泛的应用,这标志着物联网行业进入初步发展阶段,物联网的概念将深入人心。2007年第一部iPhone的出现,为消费者提供了与世界联网互动的全新方式。2008年第一届国际物联网大会在瑞士苏黎世举行。

高速发展期(2009年至今):2009年1月,美国政府将新能源和物联网确认为美国国家战略。2009年8月,我国在无锡市建立了"感知中国"中心,并在无锡建立了物联网研究院,正式开始在物联网行业进行战略部署。2010年,我国将物联网列为关键技术,并宣布物联网是其长期发展计划的一部分。2013年,谷歌眼镜正式发布,这是物联网和可穿戴技术的一个革命性进步。2015年,欧盟成立物联网创新联盟。2016年6月,3GPP RAN全会第72次会议在韩国釜山顺利召开,RAN全会批准了3GPP协议相关内容,这标志着窄带物联网(NB-IoT)标准核心协议的研究已经全部完成,NB-IoT即将进入规模商用阶段。2018年6月,3GPP全会批准了第五代移动通信技术标准(5G NR)独立组网功能冻结,5G已经完成第一阶段全功能标准化工作,进入了物联网产业全面冲刺新阶段。

任务实施

1. 安防

安防的具体业务场景:门禁系统、报警系统、监控系统,如图7-9所示。

图7-9 监控系统大屏

代表公司:海康威视。海康威视是国内领先的安防产品及行业解决方案提供商,拥有业内领先的自主核心技术和可持续研发能力,提供摄像机、智能球机、光端机、DVR、DVS、板卡、网络存储、视频综合平台、中心管理软件等安防产品,并针对金融、公安、电讯、交通、司法、教育、电力、水利、军队等众多行业提供合适的细分产品与专业的行业解决方案。这些产品和方案面向全球 100 多个国家和地区,在北京奥运会、大运会、亚运会、上海世博会、国庆 60 周年阅兵、青藏铁路等重大安保项目中得到广泛应用。

2. 物流

物流的具体业务场景:仓储管理、运输检测、智能快递箱,如图 7-10 所示。

图 7-10 小区内的智能快递箱

代表公司:京东物流。京东物流隶属于京东集团,通过布局全国的自建仓配物流网络,可提供仓配一体、快递、冷链、大件、物流云等多种服务,为商家提供一体化的物流解决方案,实现库存共享及订单集成处理。凭借全球范围内的覆盖及大数据、云计算、智能设备的应用,京东物流打造了一个从产品销量分析预测,到入库、出库,再到运输、配送各个环节,综合效率优、算法科学的智能供应链服务系统。

3. 工业

工业的具体业务场景:工业供应链、产品检测、生产线,如图 7-11 所示。

图 7-11　工厂生产线

代表公司：工业富联。工业富联为全球领先的通信网络设备、云服务设备、精密工具及工业机器人专业设计制造服务商，为客户提供以工业互联网平台为核心的新形态电子设备产品智能制造服务。工业富联致力于为企业提供以自动化、网络化、平台化、大数据为基础的科技服务综合解决方案，引领传统制造向智能制造的转型，并以此为基础构建云计算、移动终端、物联网、大数据、人工智能、高速网络和机器人为技术平台的"先进制造＋工业互联网"新生态。

4. 家居

家居的具体业务场景：智能家电、智能门锁，如图 7-12 所示。

图 7-12　智能家居

代表公司：海尔集团。海尔智能家居是海尔集团在信息化时代推出的一个重要业务单元。它以 U-home 系统为平台，采用有线网络与无线网络相结合的方式，把所有设备通过信息传感设备与网络连接，从而实现了"家庭小网""社区中网""世界大网"的物物互联，并通过物联网实现了 3C 产品、智能家居系统、安防系统等的智能化识别、管理及数字媒体信息的共享。海尔智能家居使用户在世界的任何角落、任何时间，均可通过打电话、发短信、上网等方式与家中的电子设备互动。

 任务拓展

智能家居经典案例

谷歌 Nest：谷歌 Nest 智能恒温器是最早的智能家居设备之一，它可以根据用户的温度偏好自动调节家中的温度。谷歌 Nest 系列产品还包括烟雾报警器、摄像头等安全设备，以及智能灯泡和开关等照明设备，如图 7-13 所示。

亚马逊 Echo：亚马逊 Echo 系列产品以 Alexa 虚拟助手为核心，用户可以通过语音命令控制智能家居设备，如开关灯、调节温度、播放音乐等。亚马逊 Echo 系列产品还包括 Echo Show 和 Echo Spot，具有触摸屏和视频通话功能，如图 7-14 所示。

图 7-13　谷歌 Nest　　　　　　图 7-14　亚马逊 Echo

苹果 HomeKit：苹果 HomeKit 是苹果公司的智能家居平台，它允许用户通过 iPhone、iPad 或 Apple Watch 来控制兼容的智能家居设备。苹果 HomeKit 支持多种智能设备，包括灯泡、插座、摄像头、门锁等，如图 7-15 所示。

图 7-15　苹果 HomeKit

小米智能家居：小米提供了广泛的智能家居设备，包括智能灯泡、智能插座、智能摄像头、空气净化器、扫地机器人等。小米智能家居设备可以通过小米的米家 App 进行控制，实现设备之间的互联互通，如图 7-16 所示。

图 7-16　小米智能家居

三星 SmartThings：三星 SmartThings 是一个智能家居生态系统，它包括传感器、智能插座、智能灯泡、智能摄像头等设备，如图 7-17 所示。三星 SmartThings Hub 是控制中心，可以连接和控制多种智能设备。

图 7-17 三星 SmartThings

华为 HiLink：华为 HiLink 是一个智能家居平台，支持华为的智能灯泡、智能插座、智能摄像头等设备。用户可以通过华为手机或智能音箱来控制这些设备，如图 7-18 所示。

图 7-18 华为 HiLink

这些案例展示了不同公司如何在智能家居领域提供创新的解决方案，通过物联网技术实现设备之间的互联互通，提高生活的便利性和舒适度。随着技术的不断进步，未来智能家居的应用将更加广泛和多样。

任务三 认知大数据

任务目标

了解大数据的特征、作用,熟悉大数据的具体应用。

任务导入

数据,已经渗透当今每一个行业和业务职能领域,成为重要的生产因素。人们对于海量数据的挖掘和运用,预示着新一波生产率增长和消费者盈余浪潮的到来。

请说说你自己感受到的被大数据精准营销的案例,如淘宝购物体验、饿了么点餐体验等。

任务准备

✏ 任务准备1:大数据的概念

大数据是一种IT术语,业界定义是指无法在一定时间范围内用常规软件工具进行捕捉、管理和处理的数据集合。简单来说,大数据就是海量且复杂的数据,超出现有软件的获取、存储、管理、分析的能力。

✏ 任务准备2:大数据的四个基本特征

(1)数据体量巨大。截至目前,人类生产的所有印刷材料的数据量是 200 PB(1 PB=210 TB),而历史上全人类说过的所有的话的数据量大约是 5 EB(1 EB=

210 PB)。当前，典型个人计算机硬盘的容量为 TB 量级，而一些大企业的数据量已经接近 EB 量级。

（2）数据类型多样。现在的数据类型不仅是文本形式，更多的是图片、视频、音频、地理位置信息等多类型的数据，个性化数据占绝对多数。

（3）处理速度快。数据处理遵循"1 秒定律"，可从各种类型的数据中快速获得高价值的信息。这是大数据区别于传统数据挖掘的最显著特征。根据 IDC 数字宇宙报告，预计 2024 年，全球数据使用量将达到 159.2 zB。在如此海量的数据面前，处理数据的效率就是企业的生命。

（4）价值密度低。以视频为例，一小时的视频，其中有用的数据可能仅仅只有一两秒。

任务准备 3：大数定律

当随机事件大量重复出现时，其往往呈现几乎必然的规律，这个规律就是大数定律。通俗地说，在试验不变的条件下，重复试验多次，随机事件的频率近似于它的概率，偶然中包含着某种必然。

任务准备 4：大数据的作用

1. 对大数据的处理分析正成为新一代信息技术融合应用的节点

移动互联网、物联网、社交网络、数字家庭、电子商务等是新一代信息技术的应用形态，这些应用不断产生大数据。云计算为这些海量、多样化的大数据提供存储和运算平台。通过对不同来源的数据进行管理、处理、分析与优化，将结果反馈到上述应用中，将创造出巨大的经济和社会价值。例如，淘宝会根据大数据的反馈推荐喜欢的产品，抖音则会根据大数据推荐爱看的博主和视频，其他公司也会根据云计算出来的结果，定制商品，预测下一季的潮流。

2. 大数据是信息产业持续高速增长的新引擎

在硬件与集成设备领域，大数据将对芯片、存储产业产生重要影响，还将催生一体化数据存储处理服务器、内存计算等市场。大数据对芯片存储要求的提高，这就使得在软件与服务领域,大数据将引发数据快速处理分析、数据挖掘技术和软件产品的发展,促进技术和产品的更新换代。

3. 大数据将成为提高核心竞争力的关键因素

各行各业的决策正在从"业务驱动"转变为"数据驱动"。例如,在零售领域,对大数据的分析可以使零售商实时掌握市场动态并迅速做出应对,可以为商家制定更加精准、有效的营销策略提供决策支持,可以帮助企业为消费者提供更加及时和个性化的服务;在医疗领域,大数据可提高诊断准确性和药物有效性;在公共事业领域,大数据也开始发挥促进经济发展、维护社会稳定等方面的重要作用。

4. 大数据时代科学研究的方法手段将发生重大改变

抽样调查是社会科学的基本研究方法。在大数据时代,可通过实时监测、跟踪研究对象在互联网上产生的海量数据,进行挖掘分析,提出研究结论和对策。

任务实施

1. 网易云音乐年度歌单

网易云音乐如图7-19所示。网易云音乐年度歌曲清单使用大量数据来收集用户的收听信息和数据,每个用户播放最多的歌曲、发送的评论、收听时间、收听习惯等都将显示在这个专属歌单中。它非常清楚地列出每个用户的收听喜好并分析用户的心情、个性等,并为用户制定标签,增加更多的个人情感内容,从而增加用户体验。

图7-19 网易云音乐

正是由于大数据,网易云音乐与用户才能形成深度的创意互动,实时生成独家歌曲列表,借助情感视角所引起的情感和共鸣,与每个用户建立情感联系,从而增强用户对网易云音乐的信任和依赖。简而言之,在大数据的影响下,网易云音乐通过年度歌曲清单之类的交互形式,为每个用户提供定制化服务来实现精细化营销的目的。

2. 趣多多愚人节营销

2016 年愚人节营销活动中,趣多多(图 7-20)结合节目《今晚 80 后脱口秀》,受到了粉丝的关注和欢迎,同时与百度合作,设计了有趣的游戏玩法,如当用户使用百度图片和百度知道时,他们总是可以看到很多有趣的身影;而在一些热门新闻下,也可以看到很多有趣的人物不经意间的"乱入";甚至是一些"标题党"的新闻吸引人们的点击,点击后却发现是"别太当真,只要趣多多",尽管一些营销使很多人感到被戏耍,但是它与愚人节的主题一致,非常有趣和无厘头。

凭借流行的程序和富有创意的恶搞游戏,趣多多成功地获得了社会的关注,而这些营销都是根据趣多多在大数据技术下的市场数据采集和分析,以消费者需求和习惯作出的。趣多多通过收集消费者的社会数据,分析其目标用户,发现目标用户集中在 18~30 岁的年轻人群中,进一步分析其偏好和个性,可以投其所好设计具有年轻化特点的传播方式。通过分析这一群体使用的主流在线社交平台可以更准确地了解其聚集地和活跃点,从而使营销活动更加集中和高效,从而使品牌得到充分有效的展示。

图 7-20 趣多多

 任务拓展

芝麻分

芝麻分是个人信用综合评分的客观呈现,可以预测你在信用行为中的违约率,芝麻分代表你未来的违约可能性,可能性越小芝麻分越高。

芝麻分一共从五个维度、累计近 12 个月的数据测算个人信用综合评分,具体如下:

(1) 守约记录。

(2) 行为积累。

(3) 身份证明。

(4) 资产证明。

(5) 人脉关系。

这就是"芝麻分五维",这五个维度的数据均来自个人行为的大数据分析。芝麻分截图,如图 7-21 所示。

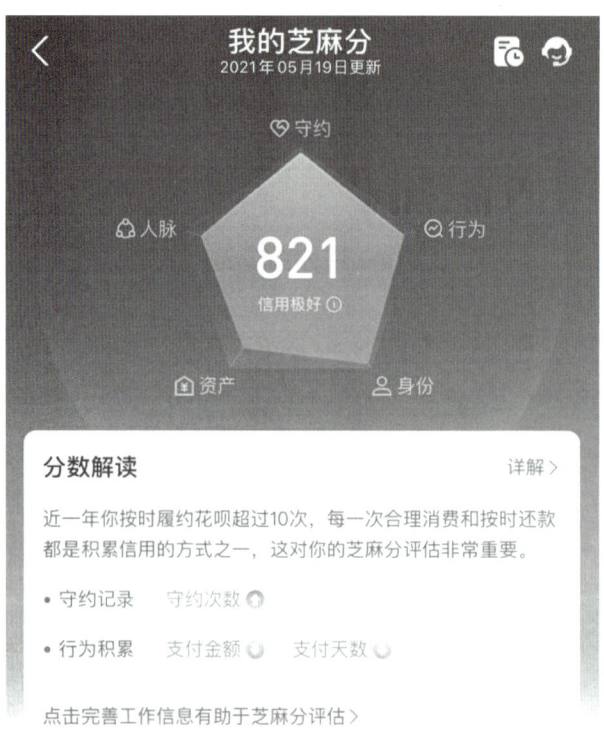

图 7-21 芝麻分截图

1. 评估第一维【守约记录】

守约记录代表着你历史的守约情况,芝麻信用通过你的守约次数、守约类型和守约率,了解你本人在信用方面"守约"的态度,如图7-22所示。

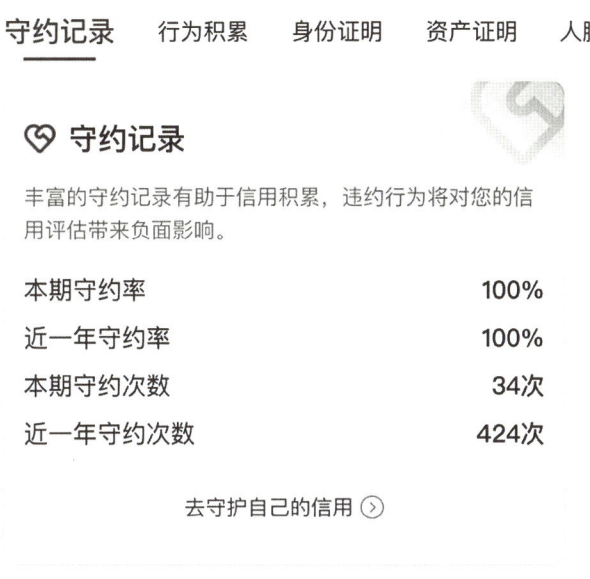

图7-22 守约记录

例如,各种信用服务(花呗、相互宝、信用购、免押充电宝、无人货柜)100%的守约率,对信用评估有很大的帮助。记录越丰富,有效数据越多,芝麻信用对你的了解越准确。

2. 评估第二维【行为积累】

行为积累维度主要参考了你的消费、缴费还款、公益等行为体现出的特点,可以帮助芝麻信用侧面了解你的信用意识和信用水平,更加客观地描绘你的"画像",如图7-23所示。

例如,一年365天共362天使用了支付宝进行支付,过去一年11个月都用支付宝还款。芝麻信用就能通过丰富的行为积累数据了解用户。

3. 评估第三维【身份证明】

丰富且真实的身份证明可以帮助芝麻信用从侧面了解你,帮助证明"你是谁"。

4. 评估第四维【资产证明】

履约能力强,某种程度上违约可能性低,资产证明就是帮助判断你履约能力的资料。良好的理财习惯不仅可以提高人的"抗风险能力",同时也有助于信用评估。

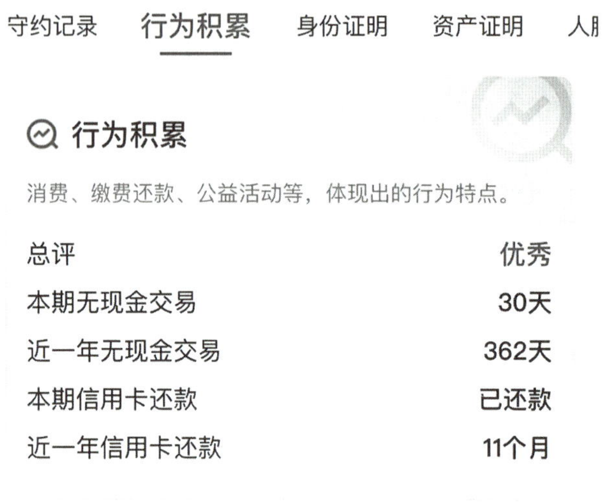

| 守约记录 | **行为积累** | 身份证明 | 资产证明 | 人脉 |

行为积累

消费、缴费还款、公益活动等，体现出的行为特点。

总评	优秀
本期无现金交易	30天
近一年无现金交易	362天
本期信用卡还款	已还款
近一年信用卡还款	11个月

图7-23　行为累积

5. 评估第五维【人脉关系】

数量多且稳定的好友,芝麻分越高,大数据通过追踪朋友圈给予相应的芝麻分,因此,丰富和稳定的人脉关系有助于芝麻信用的评分。

项目八　企业家精神

项目背景

通过多年的努力,小王的奶茶店已遍布全国各地,分店越来越多,规模越来越大。小王已进入成功企业家的行列,与此同时,小王也发现社会对他的要求不再仅仅是经营奶茶店,而是应承担一定的社会责任。小王应该如何应对,成为当下小王需要思考的问题。

小王的困惑

1. 什么是企业家精神？企业家精神包含哪些内容？
2. 企业家精神和企业发展之间存在什么关联？
3. 如何培养企业家精神？

任务一　认知企业家精神

了解企业家精神的概念和基本内容。

小王的奶茶事业越做越大,面临的决策也越来越多,他感到肩负的责任越来越大,面对的挑战也越来越多。在这种情况下,有商业前辈向小王提出了培养自身企业家精神的期望和要求,小王对此很困惑。

请你帮助小王了解什么是企业家精神。

任务准备1:企业家精神

"企业家"这一概念由法国经济学家理查德·坎蒂隆(Richard Cantillon)在18世纪30年代首次提出,他认为企业家使经济资源的效率由低转高,企业家精神则是企业家特殊技能(包括精神和技巧)的集合。或者说,企业家精神是指企业家组织建立和经营管理企业的综合才能,它是一种重要而特殊的无形生产要素。

长期以来,企业家的概念通常是从商业、管理及个人特征等方面进行定义,人们将企业家具有的某些特征归纳为企业家精神。进入20世纪后,企业家精神的定义已拓展到行为学、心理学和社会学分析等领域。而在当今西方发达国家,企业家在政府或社会组织工作非常普遍,社会也不断提出和实施用企业家精神来改造政府服务和社会管理工作。

彼得·德鲁克继承并发扬了约瑟夫·熊彼特的观点,提出企业家精神中最主要的是创新,进而把企业家的领导能力与管理相联系,认为"企业管理的核心内容,是企业家在经济上的冒险行为,企业就是企业家工作的组织"。

世界著名的管理咨询公司埃森哲,曾在26个国家和地区与几十万名企业家交谈。其中79%的企业领导认为,企业家精神对于企业的成功非常重要。埃森哲的研究报告指出,在全球高级主管心目中,企业家精神是组织健康长寿的基因和要点。正是企业家精神造就了二战后日本经济的奇迹,引发了20余年美国新经济的兴起。那么,到底什么是真正的企业家精神呢?

任务准备2:企业家应具备的精神

1. 企业家应具有工匠精神

工匠精神可以认为是企业家精神。第一,工匠精神意味着对产品或服务的极致追求。企业家拥有工匠精神,就会将这种对品质的高要求贯穿企业的各个环节,致力于为客户提供最优质的产品和体验,从而提升企业的竞争力和声誉。第二,工匠精神代表着专注与执着。企业家具备这种精神,能够在面对复杂多变的市场环境和各种困难挑战时,保持专注于自己的核心业务和目标,不轻易被外界干扰和诱惑所左右,持续不断地为实现企业愿景而努力。第三,工匠精神包含着不断创新改进的精神。企业家以此为指引,能够积极推动技术创新、管理创新和商业模式创新,使企业能够紧跟时代步伐,保持活力和先进性。

2. 创新是企业家精神的灵魂

约瑟夫·熊彼特关于企业家是从事创造性破坏的创新者观点,凸显了企业家精神的实质和特征。一个企业最大的隐患,就是创新精神的消亡,创新必须成为企业家的本能。但创新不是"天才的闪烁",而是企业家艰苦工作的结果。创新是企业家活动的典型特征,如产品创新、技术创新、市场创新、组织形式创新等。创新精神的实质是"做不同的事,而不是将已经做过的事做得更好一些"。所以,具有创新精神的企业家是一个企业基业长青的宝贵资源。

3. 冒险是企业家精神的天性

理查德·坎蒂隆（Richard Cantillion）和弗兰克·奈特（Frank Rnight）两位经济学家，将企业家精神与风险或不确定性联系在一起。没有甘冒风险和承担风险的魄力，就不可能成为企业家。企业创新风险是二进制的，要么成功，要么失败，只能对冲不能交易，企业家没有别的第三条道路。美国3M公司有一个很有价值的口号："为了发现王子，你必须和无数个青蛙接吻"。"接吻青蛙"常常意味着冒险与失败，但是"如果你不想犯错误，那么什么也别干"。同样，对于1939年在美国硅谷成立的惠普，1946年在日本东京成立的索尼，1984年分别在北京、青岛成立的联想和海尔等众多企业而言，虽然这些企业创始人的生长环境、成长背景和创业机缘各不相同，但无一例外都是在条件极不成熟和外部环境极不明晰的情况下，他们的创始人敢为人先，不怕风险，带领企业闯出一片新天地。

4. 合作是企业家精神的精华

正如艾伯特·赫希曼所言：企业家在重大决策中实行集体行为而非个人行为。尽管伟大的企业家表面上常常是一个人的表演，但真正的企业家其实是擅长合作的，而且这种合作精神需要扩展到企业的每个员工。企业家既不可能也没有必要成为一个超人，但企业家应努力成为蜘蛛人，要有非常强的"结网"能力和意识。西门子是一个例证，西门子秉承员工为"企业内部的企业家"的理念，开发员工的潜质。在这个过程中，经理人充当教练的角色，鼓励员工进行合作，并为其合理的目标定位实施引导，同时给予足够的施展空间，并及时予以鼓励。西门子因此获得令人羡慕的产品创新纪录和成长纪录。

5. 敬业是企业家精神的动力

敬业意味着全身心地投入企业的发展中。当企业家拥有敬业精神时，他们会高度关注和重视企业的运营、业务的每一个细节，把企业的事情当作自己的使命，愿意花费大量的时间和精力去钻研市场动态、优化管理流程、提升产品质量等。这种高度的投入会激发他们不断去寻求更好的解决方案，推动企业向前发展，就如同源源不断的动力在驱动着企业这辆车前行。

敬业的企业家会以极大的热情对待工作。这种热情能够感染员工，营造积极向上的工作氛围，使得整个团队都充满干劲，进而提升企业的整体效率和竞争力。敬业的企业家会在面临困难和挑战时，依然保持坚定的信念和不屈的精神，努力去克服障碍,而不是轻易放弃,因为他们对企业有着深厚的感情和责任。

6. 学习是企业家精神的关键

荀子曰:"学不可以已"。彼得·圣吉在《第五项修炼》中写道:"真正的学习,涉及人之所以为人此一意义的核心"。从系统思考的角度来看,从企业家到整个企业必须持续学习、全员学习、团队学习和终身学习。埃隆·马斯克涉足多个不同的领域,如电动汽车、太空探索等。他通过广泛的学习来理解和掌握各个行业的知识和技术,这种学习能力让他敢于创新和突破,塑造了他独特的企业家精神。

7. 执着是企业家精神的本色

英特尔总裁安德鲁·格罗夫有句名言:"只有偏执狂才能生存"。这意味着在遵循摩尔定律的信息时代,只有坚持不懈持续不断地创新,以夸父追日般的执着,才可能稳操胜券。任正非带领下的华为,在通信领域展现出了非凡的执着精神。面对来自全球的激烈竞争,包括技术封锁、市场变化等,华为毫不退缩,始终坚定地将科技创新作为核心动力。华为持续投入大量资源进行研发,不断突破技术瓶颈,推出引领行业发展的产品和解决方案。正是这种执着于科技创新的精神,使得华为在全球通信市场上站稳脚跟,并逐步成为行业的翘楚,赢得了广泛的赞誉和认可。

8. 诚信是企业家精神的基石

诚信是企业家的立身之本,企业家在修炼领导艺术的所有原则中,诚信是绝对不能摒弃的原则。市场经济是法治经济,更是信用经济、诚信经济。没有诚信的商业社会,将充满极大的道德风险,显著抬高交易成本,造成社会资源的巨大浪费。其实,托期丹·凡勃伦在其名著《企业论》中早就指出:有远见的企业家非常重视包括诚信在内的商誉。诺贝尔经济学奖得主米尔顿·弗里德曼更是明确指出:"企业家只有一个责任,就是在符合游戏规则下,运用生产资源从事利润的活动。亦即须从事公开和自由的竞争,不能有欺瞒和诈欺。"

9. 做一个服务者也是一个企业家应有的精神

第一,企业家作为服务者,致力于满足客户的需求,提供优质的产品和体验,通过用心的服务来赢得客户的信任和忠诚,从而为企业创造长久的价值。第二,企业家要服务于员工,关注员工的成长和发展,为他们提供良好的工作环境和发展机会,激发员工的积极性和创造力,这样才能打造出一支有战斗力的团队。第三,企业家应意识到企业是社会的一部分,要积极履行社会责任,通过企业的发展为社会作出贡献,如创造就业、推动经济发展、参与公益活动等。第四，作为服务者的企业家还需服务于合作伙伴，与供应商、经销商等建立良好的合作关系，实现互利共赢，共同推动产业的发展。

任务实施

选取三个成功企业家的实例，帮助小王理解什么是企业家精神。

根据小王的奶茶事业发展情况，帮助小王思考，作为一个企业家应该做什么，并填写表8-1。

表8-1 企业家实例及企业家精神概括

项目	内容
企业家实例	
企业家应该做什么	

任务拓展1

认识曹德旺

曹德旺，1946年5月出生，福建省福州市福清人，福耀玻璃工业集团股份有限公司（以下简称福耀玻璃）创始人、董事长。1987年成立的福耀玻璃，是中国第一、世界第二大汽车玻璃供应商。

曹德旺的父亲曾经是上海著名的永安百货的股东之一，因时局动荡，他父母亲决定举家迁回老家——福建福州福清。离开上海时，他父亲带全家坐邮轮，财产全部放在另一条运输船上。等人到家之后，全部家当却没有回来，只得到一句答复，说是那条船沉了。

曹德旺9岁才上学，只上了五年学，年仅14岁的他就辍学艰难谋生。1976年他进入了一家玻璃厂，推销水表玻璃。1983年玻璃厂因常年亏损，入不敷出，曹德旺承包了这家玻璃厂,并将主业转向汽车玻璃市场,打破了当时中国汽车玻璃100%依赖进口的情况,并于1987年正式成立福耀玻璃。

1993年,福耀玻璃在A股上市,是中国第一家引入独立董事的公司。2001—2005年,曹德旺带领福耀玻璃团队艰苦奋战,相继打赢了加拿大、美国两个反倾销案。2006年美国商务部部长访问中国时,点名约见曹德旺。

而后,福耀玻璃占领了中国玻璃市场70%的份额,还成功拓展了国际市场,相继在美国、德国、俄罗斯等地开设了工厂。2009年曹德旺获得"安永全球企业家大奖"。

此外,曹德旺还是慈善法治进程的推动者。2010年,西南五省大旱,他向十万受灾家庭捐款2亿元,并与善款发放机构签订"捐款问责"协议,保障善款精准到位。2011年,曹德旺捐出名下3亿股福耀玻璃股票,发起成立河仁慈善基金会。2019年,曹德旺又因为在脱贫减贫事业上的突出贡献,国务院扶贫开发领导小组向他授予"全国脱贫攻坚奉献奖"。

一路走来,曹德旺坚持"义利相济"的中国传统商道文化,并身体力行地为国家的繁荣发展积极探索,为促进中国民营经济体良性发展铺平道路,拓宽人才交流市场;他也是中国第一个引进独立董事制度的实践者;他是中国加入WTO后反倾销胜诉第一人;他是国家战略及政策的积极践行者,从身试改革到走向全球,将福耀玻璃打造成了全球经济一体化的一个中国典例。

任务拓展2

认识董明珠

董明珠,1990年进入珠海格力电器股份有限公司(以下简称格力电器)任业务经理,1994年开始相继担任格力电器经营部部长、副总经理、副董事长;2012年5月,被任命为格力集团董事长;2004年3月,当选人民日报《中国经济周刊》评选的2003~2004年度"中国十大女性经济人物";2004年6月被评为"受MBA尊敬的十大创新企业家";2004年11月被评为"2004年度中国十大营销人物"。

2019年1月,格力电器召开股东会进行董事会换届选举,董明珠被提名为董事候选人;1月16日,董明珠当选格力电器新一任董事会非独立董事;9月,格力电器联手株洲中车、银隆新能源等5家企业共同投资设立了国创能源互联网创新中心(广东)有限公司,董明珠担任董事长。

董明珠,出生于南京一个普通人家。1975年在南京一家化工研究所做行政管理工作,1990年董明珠加入格力电器后的头两年基本没有休假。她努力工作,负责的安徽的销售额突破1 600万元,占整个公司的1/8。随后她被调往南京,一年内个人销售额达到3 650万元。1994年年底,部分骨干业务员"集体辞职",在格力电器最困难的时候,董明珠接任经营部部长一职。

董明珠自1994年年底出任经营部部长以来,率领格力电器连续11年空调产销量、销售收入、市场占有率均居全国首位。2017年3月,她作为全国人大代表发言表示,发展新能源技术有助于实现强国梦,只有创造才能彻底改变中国制造。

董明珠在大家心目中已经与"格力""空调"画上了等号,强悍与强硬一直贯穿于董明珠的格力生涯,无论做空调,还是卖空调,都推崇一种极致状态——投入巨资自主研发,自己掌握核心科技。正是这种强悍的性格,使董明珠获得了"营销女王"的称号。

任务拓展3

新时代企业家精神应具有的特质

中国特色社会主义进入新时代,社会主要矛盾已经转化为人民日益增长的美好生活需要和不平衡不充分的发展之间的矛盾,中国日益走近世界舞台中央,与世界携手构建人类命运共同体。中国的企业家要弘扬企业家精神,深刻认识和正确把握我国在新时代的社会主要矛盾,聚焦新目标,开启新征程,承担新使命,奋力推进新时代中国经济的发展和社会的进步。具体来说,新时代的企业家精神具备以下五个方面特征。

(1) 新时代的企业家精神要扎根中华文明。中华文明在五千多年的发展演变过程中,有所坚守而又通达,显示出了旺盛的生命力和超越时间和空间的人类智慧,是人类历史上唯一没有中断的文明。源自近代西方的现代企业文化只有扎根中华文明,和传统文化互相融合,才能在中国这片土地上生根发芽,为解决人类问题贡献中国智慧和中国方案。中国传统文化中"重人轻物"的理念有助于企业家充分调动人的积极性,形成融洽的劳资关系;中国传统文化中"贵义贱利"的规范有助于企业家在追求利润的同时注重道义对企业行为的约束,构筑健康的商业生态;中国传统文化中"家国天下"的情怀有助于企业家在实现局部利益的同时致力于社会价值的创造,推动全社会的共同进步。

(2) 新时代的企业家精神要符合社会主义核心价值观。党的十八大提出要积极培育和践行社会主义核心价值观,其中,"爱国、敬业、诚信"是公民的基本道德规范,更是企业家必须恪守的行为指南。"爱国"是新时代企业家的大义所在,企业家需要将企业的发展和国家繁荣、民族兴盛、人民幸福紧密结合在一起,企业的成长才会有持久的动力;"敬业"是新时代企业家的精神支柱,对事业的忠诚和责任,而非对财富的追求,才是企业家获得持续动力和幸福体验的根本;"诚信"是新时代企业家的立身之本,公平和自由的竞争离不开社会诚信体系的建设与完善,而企业家的诚信是社会诚信体系的核心环节。

(3) 新时代的企业家精神要体现市场经济的主体责任。社会主义市场经济中,企业是市场经济的主体,政府是市场规则的制定者,也是市场公平的维护者,是公共服务的提供者。市场经济的主体责任要求企业家摆脱"背靠政府好乘凉"的经营理念,把企业的生存与发展根植于市场;市场经济的主体责任要求企业家致力于构建亲清政商关系,坚决摒弃权钱交易、商业贿赂等行为,净化营商环境;市场经济的主体责任要求企业家更多地依靠法律来保护自身权益,并积极推动完善各类市场主体公平竞争的法治环境。

(4) 新时代的企业家精神要拥抱科学思维。企业的成功不仅取决于企业的资源关系等生产要素,还取决于企业家的理性思维能力。新时代的企业家不仅需要具备整合各类生产要素的能力,也需要深刻理解创造性思维的逻辑及其萌发与孕育的生态环境。在企业竞争的赛场上,获胜者往往是最具有理性思维的企业家。新时代的企业家需要摆脱"凭经验、靠感觉"的管理思维,依靠逻辑和科学探究市场规律,通过严谨的科学分析,洞察问题,发现商机,决胜千里。

(5) 新时代的企业家精神要适应国内外环境变化带来的挑战。当今世界面临百年未有之大变局。中国的经济增长模式逐渐由要素驱动转变为创新驱动,全球产业链和国际货币体系也面临重构与变革,这给新时代的企业家提出了新的机遇和挑战。国内外环境的变化要求企业家致力于创新,从产品创新到技术创新、市场创新、组织形式创新等,用创新引领中国经济的发展;国内外环境的变化要求企业家着力争夺高端科技的制高点,弥补自身在产业链中的短板和不足,不断提升中国在全球产业链中的定位;国内外环境的变化要求企业家开拓国际视野,立足中国,放眼世界,把握国际市场动向和需求特点,把握国际规则,开拓国际市场,防范国际市场风险,带动企业在更高水平的对外开放中实现更好发展,促进国内国际双循环。

资料来源:何平.新时代的企业家精神[EB/OL].(2020-07-30)[2024-05-28].https://www.tsinghua.edu.cn/info/1182/51198.htm.

任务二　认知企业家精神与企业发展

任务目标

了解企业家精神与企业发展的关联。

任务导入

有的企业家说:"现在的生意越来越难做,不仅生意竞争激烈,客户的要求也越来越高。我懂得要生存下去就必须进步得更快,但是接班人、员工却跟不上我的脚步。"小王也觉得,空有企业家精神,无法有针对性地发展企业,而过分注重企业发展的经济利益,往往又会和企业家精神相悖。

这之间应该如何平衡呢?

任务准备

任务准备1:企业家精神是企业核心竞争力的重要来源

彼得·德鲁克认为:"所谓公司的核心竞争力,就是指能干别人根本不能做的事,能在逆境中求得生存和发展,能将市场、客户的价值与制造商、供应商融为一体的特殊能力。"可见,企业核心竞争力从某种意义上讲,是企业家精神的一个反映或扩展,它体现企业的创造与冒险,体现企业的合作与进取。企业家精神对企业核心竞争力的巨大作用在一些具有远见卓识和非凡的魄力与能力的企业家那里得到集中体现。美国微软公司的软件技术及其开发能力和辉煌业绩世人瞩目,很大程度上归功于其总裁比尔·盖茨卓越的组织领导。

企业家在企业中的独特地位,决定了企业的核心价值观必然受其影响,决定了企业的组织创新、管理创新、价值创新等冒险活动主要由企业家自身承担。它同时也决定了企业经营发展的兴衰成败,从而也决定了企业核心竞争力能否形成。因此,企业家在其精神的鼓励下对企业核心竞争力起着关键性保障作用,企业家精神通过企业家自身保障了企业核心竞争力的培育与提升。

资源、能力和制度的综合运用,加上学习和创新,产生核心竞争力。但是当一个企业在资源、能力和制度方面都没有任何优势的情况下,如何能够不依靠尖端技术、国际人才、国际资金实力,在虎狼成群的国际国内市场占据一席之地?如何战胜数倍于自己的敌人?无数企业以亲身实践论证了企业家精神对企业的重大意义,证实了企业家精神是企业核心竞争力的唯一真实来源。2002年不具备技术优势的华为,在进入周期性衰退后,任正非提出"在危机重重中,活着就是最大的成功",进行大刀阔斧的改革,在调整产业结构后,又进行内部组织的调整,终于度过"冬天"迎来"春天"。靠精神凝聚起来的企业人,才可能不折不扣、坚定不移地执行企业的每一个决策,依靠企业理念与企业家精神,不但构成企业的内在发展动力,更成为企业的外部发展机遇。企业家的执着事业心、不停息的创新精神和模范合作精神通过其传递机制,发扬光大,最终缔造出企业的核心竞争力。

任务准备2:保护企业家精神对企业竞争力提升的作用

企业家精神是企业核心竞争力的重要来源,一个活跃的市场,土地、劳动者、资本等要素在具有企业家精神的人手中,能在复杂多变的竞争环境中发展壮大起来,真正成为财富的源泉。企业家精神产生的巨大作用在我们身上随处可见:一个企业带动了一个城市的发展,一个经理人员的更换使得企业避免倒闭的命运。在我国,浙商的成功就是一个典型例子。著名经济学家吴敬琏称道:浙江是一个具有炽烈企业家精神的地方。浙商的创业欲望和创业能力,就是一种资源和竞争力。他们每到一地,带去的是实干聪明的企业家精神,留下的是为当地创造的就业和税收,更重要的是他们的观念和思路,是一颗启蒙的种子,这是浙商对全国人民的贡献。

 任务实施

贾跃亭和乐视网退市是近年来我国证券市场的大事件之一。在目前公开信息中,我们可以提前判断贾跃亭是缺失企业家精神的。根据以下贾跃亭的个人介绍,说一说哪些细节做好了,可以有助于企业的进一步发展?

 任务拓展1

贾跃亭的豪赌

贾跃亭,男,1973年12月15日出生于山西省临汾市襄汾县,乐视控股集团创始人,乐视汽车生态全球董事长。

2004年贾跃亭创建了乐视网,并于2010年8月在创业板上市。但是,2017年7月,贾跃亭所持的乐视网股份被全部冻结;同年11月,乐视网发布公告宣布贾跃亭无力履行无息借款与增持承诺;同年12月,贾跃亭被列入了失信被执行人名单。

2019年4月,中国证监会决定对贾跃亭立案调查,经过三个月的调查,中国证监会对贾跃亭在证券期货市场严重违法失信进行了专项公示,并将其拉入黑名单。2019年10月,贾跃亭债权人收到一份贾跃亭在美国法庭主动申请个人破产重组的文件。该文件内容显示,贾跃亭将把全部资产通过债权人信托的方式,转让给债权人,该信托由债权人委员会和信托受托人控制和管理。

历经七个月的申请、谈判、投票和法院确认,贾跃亭的个人破产重组在洛杉矶当地时间2020年5月21日举行的听证会上获得了加州中区破产重组法院的最终确认和通过。

2021年1月,贾跃亭被新增限制高消费令,同年3月,中国证监会对贾跃亭采取终身证券市场禁入措施;4月罚款2.41亿元;5月受理了11名投资者诉乐视网、贾跃亭等22名被告的证券虚假陈述责任纠纷案;6月贾跃亭新增执行信息,执行标的为159 333 088元。

2022年4月,贾跃亭创办的汽车品牌法拉第未来,解除其创始人、前CEO贾跃亭的执行官职务,贾跃亭转而继续担任首席产品官一职。

美国当地时间2022年9月26日,法拉第未来发布公告,宣布与公司原股东FF Top就融资和董事会重组达成最终协议,创始人贾跃亭率合伙人公司成功重组公司董事会。

不可否认,贾跃亭曾经是一个成功的企业家,而且他的眼光也很独到,但是他只顾"蒙眼狂奔",跑进了沟里。乐视的豪赌就是与时间赛跑,本身的系统性风险太高,同时公司没有核心的战略制高点。

 任务拓展2

弘扬企业家精神,推动企业高质量发展

习近平总书记在企业家座谈会上发表重要讲话,强调"弘扬企业家精神",并明确提出五点希望。习近平总书记的重要讲话丰富和拓展了企业家精神的时代内涵,为新形势下弘扬企业家精神提供了根本遵循,也为国有企业高质量发展、提升核心竞争力提供了科学指引。

厚植爱国情怀。习近平总书记指出:企业营销无国界,企业家有祖国。企业家爱国有多种形式,首先是办好一流企业,带领企业奋力拼搏、力争一流,实现质量更好、效益更高、竞争力更强、影响力更大的发展。国有企业是中国特色社会主义的重要物质基础和政治基础,是党执政兴国的重要支柱和依靠力量。增强国有经济竞争力、创新力、控制力、影响力、抗风险能力,事关国家繁荣、民族兴盛、人民幸福。国有企业必须主动为国担当、为国分忧,国有企业的企业家必须做到对党忠诚,增强"四个意识"、坚定"四个自信"、做到"两个维护",自觉在政治立场、政治方向、政治原则、政治道路上同以习近平同志为核心的党中央保持高度一致;必须坚持以人民为中心的发展思想,大力推进企业治理现代化、提升企业核心竞争力,努力办好一流企业,以企业发展成果服务于经济社会发展,不断增强人民群众的获得感。

弘扬创新精神。习近平总书记强调:创新是引领发展的第一动力。企业是创新的主体,企业家创新活动是推动企业创新发展的关键。危中有机,唯创新者胜,战胜危机,尤其需要创新思路、积极作为。这要求广大企业家围绕公司治理、经营方略、运营方式、制度机制、产业结构等重点领域进行创新,敢闯敢试、敢为天下先、敢于承担风险,紧跟大势、紧贴实际、紧抓机遇,在更高层次推动资本优化配置、产业转型升级、动能转换释放。

　　坚持诚信守法。习近平总书记强调：法治意识、契约精神、守约观念是现代经济活动的重要意识规范，也是信用经济、法治经济的重要要求。社会主义市场经济是信用经济、法治经济。充分发挥市场在资源配置中的决定性作用，更好发挥政府作用，一个重要前提条件是市场主体要在法律规范下开展经营活动。近年来，我国着力深化"放管服"改革，营商环境的市场化、法治化、国际化水平不断提高，这为企业创造了良好发展环境。当前，我国不少企业生产经营面临一些困难，但同时也面临新模式、新业态、新技术蓬勃发展带来的新机遇。越是经营遇到困难，企业家越要作诚信守法的表率，用心呵护良好市场环境，珍惜来之不易的经济发展稳定转好态势，要实事求是、求真务实、积极作为、主动担当，努力培育崇清尚廉、艰苦创业、主动作为的企业文化，以诚信守法赢得口碑、获得优势、实现发展。

　　积极承担社会责任。习近平总书记指出：企业既有经济责任、法律责任，也有社会责任、道德责任。只有真诚回报社会、切实履行社会责任的企业家，才能真正得到社会认可，才是符合时代要求的企业家。

　　不断拓展国际视野。习近平总书记指出：有多大的视野，就有多大的胸怀。企业家要有大视野、大胸怀。当前，经济全球化遭遇波折，但历史潮流不可逆转，各国利益日益交融、命运更加休戚与共是大势所趋，不断创造更加美好的生活是各国人民的共同期盼。我国坚持推动经济全球化朝着更加开放、包容、普惠、平衡、共赢的方向发展，让经济全球化更好造福各国人民。企业家只有立足中国、放眼世界，以全球视野和宽广胸怀谋划企业发展，带领企业在世界经济的大海中"游泳"，才能不断提高把握国际规则能力、国际市场开拓能力、防范国际市场风险能力，带动企业在更高水平对外开放中实现更好发展。

　　资料来源：温刚.弘扬企业家精神　推动企业高质量发展[EB/OL].（2020-08-21）[2024-05-28].http://nopss.gov.cn/n1/2020/0821/c219544-31830979.html.

任务三　如何培养企业家精神

 任务目标

了解企业家精神的培养路径,帮助小王培养企业家精神。

 任务导入

随着小王事业的发展,小王被评为全市十大优秀企业家,并加入了当地的商会,成为当地的政协委员,回顾自己的创业历程,小王深感企业家精神的重要性,也希望能够帮助更多的人成长成为一个合格的企业家,帮助更多的企业回馈社会。

请帮助小王思考,从社会的角度应该如何帮助他人培养企业家精神。

 任务准备

任务准备1:重新认知企业家精神的重要作用

企业家精神是一种重要的生产要素,对整个经济社会发展具有重要推动和引领作用。习近平总书记指出,市场活力来自于人,特别是来自于企业家,来自于企业家精神。当前,经济发展进入新常态,全国大力推进供给侧结构性改革,企业家精神所具有的独特作用无可替代,是我国实施创新驱动发展战略,推动大众创业、万众创新,转变发展方式、推进经济结构调整的重要推动力量和精神支柱。经济发展的动力要向创新驱动转换,就必须要重新认识企业家精神的核心内涵和创新引领作用,将培育和激发企业家精神放在创新驱动发展战略的核心位置。要加快经济体制改革,使市场在资源配置中起决定性作用,进而为充分发挥企业家才能,培育和激发企业家精神

创造良好条件。

任务准备2：拓宽企业家创新创业空间

企业家创新才能的充分释放需要良好的市场竞争环境和广阔的市场空间。必须要进一步加快推进国有企业和垄断行业改革，坚决打破不合理的行政垄断和市场垄断，按照"非禁即入"的原则，取消规模、股比、经营范围等限制，打破区域行政壁垒，不断扩大企业家投资创业空间。打破国家和省级大工程、大项目投资的隐性门禁，引导拥有土地、资本、资质、专家等资源的国企与民营企业家多种方式开展合作。积极发挥政府职能，营造良好的创业文化氛围，进一步完善创新创业扶持政策，支持和鼓励企业家积极投身到创新创业活动中去。加强企业服务体系建设，突出重点，鼓励创业，扶持创业企业健康成长。加快要素市场体系建设，为企业创业和发展营造宽松的市场环境，激发全社会的创新创业热情。

任务准备3：加强产权和企业家合法权益保护

产权激励是企业家精神最好的激发器和推进剂，必须要进一步加强产权保护，切实维护企业家合法权益。完善产权保护相关法律制度，完善物权、合同、知识产权相关法律制度，清理有违公平的法律法规条款，平等保护各类市场主体。完善政府守信践诺机制，大力推进法治政府和政务诚信的建设，使得政府真正服务于民。着力解决政府不依法行政、政府失信导致行政公权力侵害企业和企业家产权等问题。加快政府职能转变，彻底地实现政府与企业的分离，确保企业能够成为自主经营的市场主体。理顺产权关系，使财产所有权和法人财产权分离，保证企业法人的实体地位。加大知识产权的保护力度，营造全社会重视和支持产权保护的良好环境。切实保护企业和企业家的私有财产和合法权益，对报复、污蔑、伤害企业家的违法行为，要依法从严从快查处。

任务准备4：降低企业家创新创业成本

在市场经济体制下，企业家总是寻找最适合自己、最能发挥自己才能、最能创造财富的地方。创新创业手续繁琐、成本高会严重挫伤企业家的积极性,也不利于培育和激发企业家精神。政府尤其是领导干部要与民营企业家建立起一种"亲""清"的新型政商关系,进一步简化办事流程,提高政府服务效率,坚决杜绝寻租腐败和利益输送。有针对性地加快相关领域改革,切实降低物流、能源资源成本。完善创新创业扶持政策,加大资金、人才、土地等方面的优惠政策力度,降低创业成本。完善税收等优惠政策,切实降低创业企业负担。

任务准备 5:打造诚实守信营商环境

企业家成长和企业家精神的培育需要公平、透明、稳定的社会诚信环境。要加强企业家思想道德教育和社会责任意识培育,在全社会大力弘扬诚信文化和诚信精神。加强对守信主体的激励,加大对守信行为的表彰和宣传力度,对诚信企业和模范个人给予表彰。建立健全失信联合惩戒机制,充分发挥行政、司法、金融、社会等领域的综合监管效能,建立跨部门联动响应和失信约束机制,对违法失信主体依法予以限制或禁入,真正实现"一处失信、处处受限"。推动形成社会性约束和惩戒,完善失信信息记录和披露制度,使失信者在市场活动中受到制约。完善社会舆论监督机制,建立失信行为有奖举报制度,切实落实对举报人的奖励,保护举报人的合法权益。发展各类信用服务机构。建立公共信用服务机构和社会信用服务机构互为补充、信用信息基础服务和增值服务相辅相成的多层次、全方位的信用服务组织体系。

任务准备 6:营造有利于企业家精神培育的良好舆论环境

在推进经济社会转型和完善社会主义市场经济体制的过程中,必须要加强舆论宣传和正面引导,为企业家成长和企业家精神培育创造良好的舆论环境。企业家是社会中的稀缺资源,全社会要形成尊重企业家、理解企业家、关怀企业家、支持企业家的社会氛围,尊重企业家的特殊劳动,重视企业家的社会价值,充分肯定企业家队伍对经济社会发展所作出的贡献。社会舆论不扩大关于"原罪"和"第一桶金"等问题的争论,要尊重企业家发展的历史,客观报道企业事件,营造鼓励创新、宽容失败的舆论氛围,以积极客观的态度和历史的眼光报道企业家的成败。认真研究总结企业家成功的经验,探索企业家人才的发展规律,积极在全社会培育和弘扬企业家精神,特别是敢冒风险、积极进取的创新创业精神。

帮助小王思考作为政协委员,可以从哪些具体的方面来帮助更多的企业家培养企业家精神,选取企业家精神培养的三个方面,列举采取什么样的行动,并填写表 8-2。

表 8-2　培养企业家精神的具体举措

企业家精神培养方面	培养企业家精神可采取的具体举措

大力弘扬和培育企业家创新精神

改革开放以来,一大批有胆识、勇创新的企业家茁壮成长,形成了具有鲜明时代特征、民族特色、世界水准的中国企业家队伍。在前不久召开的企业家座谈会上,习近平总书记强调要弘扬企业家精神,提出"企业家要做创新发展的探索者、组织者、引领者",为广大企业家带领企业创新发展提供了遵循。

创新是引领发展的第一动力,企业家的创新活动是推动企业创新发展的关键。改革开放以来,我国经济发展取得举世瞩目的成就,其中一个重要的原因,就是广大企业家大力弘扬创新精神,勇于推动生产组织创新、技术创新、市场创新。当前,世界正经历百年未有之大变局,经济全球化遭遇逆流,保护主义、单边主义上升,世界经济低迷。我国正处于实现中华民族伟大复兴的关键时期,经济正处在转变发展方式、优化经济结构、转换增长动力的攻关期,实现高质量发展还有许多短板弱项,我国很多市场主体面临前所未有的压力。

危中有机,唯创新者胜。需要认识到,越是这个时候,广大企业家就越要弘扬创新精神,敢为天下先,努力把企业打造成强大的创新主体,战胜风险挑战,实现高质量发展。

企业家要做创新发展的探索者、组织者、引领者

创新精神是企业家精神的一个重要组成部分,创新是企业家的基本职能。企业家要带领企业不断发展,就要做创新发展的探索者、组织者、引领者。

企业家要做创新发展的探索者。创新经济学之父熊彼特把创新定义为"建立一种新的生产函数",即"生产要素的重新组合",并认为企业家的职能就是创新。因此,要成为一个合格的企业家,就需要勇于探索一种之前从来没有过的生产要素的"新组合",并把这种"新组合"引入到生产体系中去,不断夯实企业创新发展的基石。还要看到,创新就要敢于承担风险,创新发展的道路绝非坦途,企业家只有敢于探索、持续探索,才能找到创新发展的成功路径。

企业家要做创新发展的组织者。创新是一项复杂的系统工程,是一个从创新设想开始,经过创新项目建议、创新项目评估、创新项目决策、创新项目实施的动态过程,这个过程中的每一个环节都离不开企业家的有力组织;同时,创新活动本身是开放的,需要有效统筹和组织内外部创新资源,企业家作为企业的领导者,需要在充分分析内外部环境的基础上,组织力量、推动实施创新活动。

企业家要做创新发展的引领者。企业家是企业的灵魂,也是企业创新发展的引领者。国内外许多实证研究已经证明:企业家在企业创新中起着决定性的作用,企业创新发展之路离不开企业家的引领。企业家需引领企业打造激励创新的企业文化,让创新融入员工的日常行为中,充分激发和调动员工的创造力,为企业发展注入创新基因;企业家需引领企业制定企业创新战略,谋划好企业未来的创新路径,为企业的创新发展引领方向。

应对挑战尤需大力培育企业家创新精神

我们要更好实施创新驱动发展战略、推动经济高质量发展,需要落实到微观层面的企业创新上,落实到激发企业家的创新精神上。通过培养、保护企业家的创新精神,进一步提升企业家的创新能力,是当前的一项重要工作。除了更科学、合理地制定金融、财税、政府采购、知识产权保护、创新人才培养等方面的相关政策外,还需从优化社会舆论环境、社会文化环境,以及提升企业家创新意识和创新能力、拓展企业家国际视野等方面着手,多措并举,使企业家乐于创新、勇于创新、敢于创新。

一是积极打造激励企业家创新的社会舆论环境。要广泛宣传企业家的创新故事,同时监督和批评抄袭、侵权等不良行为,在企业家群体中形成创新光荣的氛围,从社会舆论上激励企业家弘扬创新精神。

二是不断涵养支持企业家创新的社会文化环境。创新是对未知领域的探索活动,创新活动中充满了各种风险。从创新设想到取得商业上的成功,企业家需要跨越许多困难和障碍。我们要更好鼓励企业家创新,就需要改变"成者为王,败者为寇"的传统观念,深刻认识到"失败是成功之母",没有多次的失败就难以实现最后的成功。因此,需营造宽容创新失败的氛围,积极培育容忍试错、宽容失败、扶持失败者再次创新、创业、创造的社会文化环境。

三是大力提升企业家的创新意识和创新能力。企业家的创新意识直接决定着企业的创新意识;企业家的创新能力直接决定着企业的创新能力。企业家只有具备较强的创新意识,才会乐于进行创新发展的探索,企业家只有具备较强的创新能力,才会勇于从事创新发展的组织和实施。因此,可考虑整合相关教育培训机构的优质资源,对有意愿的企业家进行必要的创新意识和创新能力培养。

四是持续拓展企业家的国际视野。当今世界正处于百年未有之大变局,给企业的生存与发展带来了机遇和挑战。目前,世界范围内的创新活动正在如火如荼地进行,加大研发投入、引进创新人才、占领创新高地,正在成为越来越多领军企业的共识。有多大的视野,就有多大的胸怀。企业家要立足中国、放眼世界,拓展自己的国际视野,提高把握国际市场动向和需求特点的能力,提高把握国际规则的能力,提高国际市场开拓的能力,提高防范国际市场风险的能力,带动企业在更高水平的对外开放中实现更好发展。

资料来源:杨东德. 大力弘扬和培育企业家创新精神[EB/OL]. (2020-11-03)[2024-05-28]. http://theory.people.com.cn/n1/2020/1103/c40531-31916308.html.